# 子どもをキッチンに入れよう!

## 子どもの好奇心を高める言葉のレシピ

Megumi Fujino
藤野恵美

ポプラ社

# 子どもをキッチンに入れよう!

## 子どもの好奇心を高める言葉のレシピ

カバーイラスト
えがしらみちこ

本文レシピイラスト
高旗将雄

ブックデザイン
アルビレオ

# まえがき

子育てをしながら、毎日毎日、ごはんを作るのは大変ではないですか？

かつて、私は「仕事」と「家事」の両立に苦労していました。

一日みっちり働いたあとに、夕飯を作らなければならないというのが、正直なところ、とても面倒だったのです。仕事で力を使い果たして、料理をしようという気になれず、かなり外食に頼っていました。

しかし、外食ばかりしていると、栄養バランスが悪くなったり、お金がかかりすぎてしまったりするので、やっぱり、自炊したほうがいいよなあ……と思う気持ちもあったのでした。

そこで、ごはんの支度に対するモチベーションを高めるべく「料理を作りたくなるような小説を書こう」と考えて、できたのが『初恋料理教室』（小社）でした。

そして、子どもが生まれたあとは、仕事と家事だけでなく、さらに「育児」も加わり、両立どころか、やらねばならないことが山積みとなったのです。

またしても「ごはんを作るのが億劫だ……」という気持ちになりかけていたところ、育児雑誌からエッセイを書いてくださいと頼まれました。

その連載の依頼を受けて、ひらめいたのです。

そうだ、日々のごはん作りを前向きな気持ちで行うために、今度は「子育てを楽しみつつ、料理が作りたくなるようなエッセイ」を書こう、と。

そのエッセイをまとめたものが、この本になります。


限られた一日のなかで、子どもと過ごす時間を増やすために、私がとったのは「家事と育児を同時にする」という方法でした。

ふたつの時間を分けるのではなく、重ね合わせることにしたのです。

子どもをキッチンに入れ、いっしょに料理をすれば、一日のうちの「家事時間」と「子どもと過ごす時間」が同時進行できるというわけです。

# まえがき

息子を育てるにあたって、育児や教育に関する本を1000冊ほど読みました。

自分が子どもだったころ、私の親はあまり子育てがうまいとは言えない人物だったのです。なので、自分が子ども時代に体験した「子育てのやり方」をお手本にはできないと考えて、文献に頼ることにしたのでした。

たくさんの論文や最新の研究データから学んだのは「言葉」と「食」の大切さです。

親がかける「言葉」によって、子どもの心の状態は変わります。

親が与える「食べ物」によって、子どもの体は作られるのです。


忙しい毎日でも、どうにか工夫して、子育てを楽しみたい……。

そんな思いから、簡単なレシピを紹介しつつ、子どもと関わりながら日々の食事と向き合うことについて書きました。

この本が「家族のごはん作りを担当している方」の手に届き、少しでもお役に立つことができましたら、うれしいかぎりです。

藤野恵美

CONTENTS

# 2 食に興味を持たせる

*掲載されているレシピは3人前の分量です

# 1

# 育児と家事を同時に楽しむ

# 料理中にまとわりついてくる子どもをどうするか

## かぼちゃスープ

5歳になる息子は、食べることが大好きです。

嫌いな食べ物はほとんどなく、はじめて見る料理も「これ、どんな、あじだろう？」と積極的に口に入れてみるのです。

さすがに、セロリやパクチーといった香りの強い生の葉物野菜は苦手なようですが、本人いわく「おいしい、どれっしんぐが、かかってたら、たべるよ！」とのこと。

食べるだけでなく、作るのも大好き。

いつも、料理のお手伝いをしてくれます。


**子育てをするにあたって、私には息子を「自分の食べるものを自分で作れる人間」にしたい、という思いがありました。**

# 「自分の食べるものを自分で作れる人間」にしたい

お恥ずかしい話なのですが、私は子どものころに「親の手伝い」というものをほとんどしたことがなかったのです。

私が育った家には「勉強さえしていれば、お手伝いは免除される」というルールがあったので、それを言い訳にして、妹が配膳などを手伝っているときも自分はなにもしなかったのでした。

なので、大人になっても「まったく料理のできない人間」でした。

作家になったあと、料理を一から学ぼうとしている男性たちを主人公とした『初恋料理教室』という物語を書きましたが、まさに自分自身が料理初心者だったという経験がもとになっているのです。

**子どものころにやったことがないと、大人になってもできないままです。**

そのことから、息子には「早いうちから料理の経験を積ませよう」と考えていたのでした。

## キッチンで子どもを遊ばせるには

料理中に幼い子どもをどうするか、ということについては、さまざまな方法があります。

子育てをしている友人らに話を聞くと、キッチンの入り口にゲートをつけたり、録画した幼児番組を見せたりと、基本的に「子どもはキッチンに入れない」ことが多いようでした。

しかし、**我が家ではあえて「子どもをキッチンに入れる」ことを選んだのです。**

手当たり次第に読みまくっていた育児書のなかに『坂本廣子の台所育児　一歳から包丁を』（農山漁村文化協会）という本がありました。

そこに書かれていた「幼児厨房に入るのすすめ」に感化され、自分でもやってみようと思ったのでした。

まず、準備として、キッチンにある危険なものは、息子の手の届かないところにしまうことにしました。

そして、引き出しの一番下には、おたまやボウルや缶詰など、触ってもいいものだけを入れるようにして、そこを「息子のスペース」にしたのです。

自分で動けるようになると、私が料理をしているあいだ、息子はひとりで缶詰を使って遊んでいました。

缶詰は転がして遊ぶこともできれば、積み木のように積み重ねることもできます。種類によって、円筒形、楕円形、角型など、さまざまなかたちがあり、想像力が刺激されるようで、積み木やブロック遊びの好きな息子は、かなり集中していたのでした。

少し成長したあとは、おたまがお気に入りで、ミニカーをすくって器に入れたり、いくつもの食器を並べたりと、おままごとをしていました。

**子どもは1歳くらいのときにはまわりの子とは異なるおもちゃで「ひとり遊び」をしていますが、2歳くらいになると、ほかの子が持っているものに似たおもちゃを使って、独立して遊ぶ「並行遊び」になるそうです。**

息子のキッチンでの過ごし方も、そのような発達段階に合わせて、変化していました。

最初のころはひたすら自分の興味のあるものを触っていましたが、だんだんと私とおなじものを使って、真似するようになったのです。

子どもの立場で考えてみると、自分の見えないところで、親がなにかしていたら、ものすごく気になるだろうな……と思います。

特に後追いの時期なんて、キッチンの入り口にゲートをつけられ、自分だけが入れなくて、大好きな親の近くに行けない状態というのは、とても嫌でしょう。そりゃ、ぐずりたくもなります。子どもにしてみれば、料理の「邪魔をしている」つもりはなく、ただ自分もいっしょにいたいという気持ちで、親にまとわりついてくるわけです。

子どもが「かまって！」というアピールをするのは、親の心が「自分に向いていないこと」を感じ取っているからではないでしょうか。

親が料理に集中しようとすると、子どもは敏感にそれを察知するものです。

そして、自分が「邪魔者扱い」されていることに気づいて、さみしかったり、不安だったりして、余計に「かまって！」がひどくなったり……。

**キッチンゲートなるものが売られているのを見つけると、親が料理中には「子ども**

をキッチンに入れない」というのが当たり前だと思い込みそうになりますが、私には**必要ありませんでした。**

子どもといっても、いろんな性格の子がいます。

もちろん、その子の持つ特性によっては、あまりに危なっかしくて、絶対にキッチンに入れることは無理な場合もあるでしょう。

しかし、**最初から「幼い子どもはキッチンから隔離すべき」「料理中には子どもを近づけないようにしよう」と決めつけてしまうのは、もったいない気がするのです。**

自分の子どもの様子をよく観察して、いろいろな方法を探ることで、新たな可能性が開けることもあります。

うちの場合は、料理のときも「子どもといっしょに過ごす」という状況にしたことで、かえって楽だったかもしれません。

## 作る料理の基準は「子どもの相手をしながらでも作れるか」

キッチンで危ないものは「刃物」のほかに「火」があります。

ガスコンロで炒め物などをするときは「お母さん、火を使うからね。熱いよ。痛い痛いになるから、こっち来ないで」と言い聞かせると、ちゃんと伝わったようで、少し離れて見ていました。

それでも、やはり万一の場合を考えて、目を離すと危険な料理は「作らない」ということを選びました。

毎日の料理を「息子の相手をしながらでも作れるかどうか」という基準で考えることにしたのです。

なので、我が家では「揚げ物」は食卓に並びません。

唐揚げもトンカツもエビフライも、食べたければ、お店で食べます。

家で作るものは、基本的に「一汁一菜」です。具だくさんのスープや丼物のときは、一品だけでもよしとしています。

みそ汁や鍋ものは、油はねの心配もありません。材料を切って、火にかけてしまえば、あとは鍋の番をしながら、息子のおままごとにつきあうこともできました。

**幼い子どもが母親のそばにいたがる期間なんて限られています。**

**そのあいだは「凝ったものを作らなくてもいい」と割り切ったのでした。**

私が冷蔵庫から食材を取り出すと、息子は興味深そうに、それを見つめていました。

「にんじんさんだよ、こんにちは！」

息子がまだ赤ちゃんのころから、私はそんなふうに話しかけていたのでした。

「つぎは、だれかな？　なにが出てくるかな？」

冷蔵庫からいろんなものが出てくる様子は、子どもの大好きな遊びである「いないいないばあ」にも似て、面白かったのでしょう。

息子にとって、野菜や果物たちは、可愛いキャラクターみたいなものだったのです。

生まれたころから身近にいて、親しんでいた存在でした。

そして、言葉を理解できるようになると、私が「じゃがいも、取って」と言うと、持ってきてくれるようになりました。

そんな経験が、お手伝いをする習慣と、食への旺盛な好奇心につながっているのかもしれないな……という気がするのです。

## スーパーで食べ物の旬を学ぶ

最近では、息子が幼稚園から帰ったあとに、さんぽがてらスーパーマーケットに行くのが、日課となっています。

**息子と並んで歩きながら、その日の夕飯の相談をするのです。**

「きょうは、なにが、やすいかな〜?」

特売品を気にする5歳児……。

「なにが安いだろうね。いまはトマトの時期だから、トマトが安いんじゃない?」

「とまと、すき!」

「それから、夏野菜はピーマンとか、きゅうりとか……」

「あぼかども、かおうよ」

「トマトとアボカドのサラダ、おいしいよね」

「あぼかどのじきは、いつ?」

息子の素朴な疑問に、答えにつまる私……。

「えっ……? アボカドって、おいしい時期はいつなんだろうね。遠くの国から輸入しているものだから、旬とか、ないのかな。お母さんにもわからないよ」

そんな息子は野菜売り場で、あるものを目にすると、必ずこう言います。

「かぼちゃだ！　かぼちゃすーぷにしよう！」

そう、息子はかぼちゃのポタージュスープが大好物なのです。

かぼちゃを見つけると、必ず、スープを食べたがります。

「今日もかぼちゃスープ？」

「うん、だって、だいすきなんだもん！」

「いいよ。わかった。かぼちゃスープ、作ろっか」

「おみそ、ある？　ひよこのおみそ」

かぼちゃを買い物かごに入れると、息子はほかの食材についてたずねました。

我が家では、かぼちゃのスープを作るときに、味つけに「ひよこ豆みそ」というものを使っています。

このひよこ豆みそも、以前、息子と買い物をしているときに、見つけたのです。

私が「ひよこ豆みそだって。めずらしいね」と声をかけると、息子は「ひよこさん、なの？」と首をかしげていました。

「ひよこさんに似たかたちのお豆だよ」

「かわいいね！　かおう、かってみよう！」

そんなやりとりをして、ひよこ豆みそというものを買い、ポタージュスープの味つけに使ってみたところ、息子はいたく気に入ったのでした。


買い物を終えて、店から出ると、息子はわくわくした様子で言いました。

「かえったら、ぼく、みきさー、よういするね！」

**シンク台の下にしまってあるミキサーを取り出して、コンセントにさすというのが、息子にとっては楽しい行為らしいのです。**

それから、材料を入れたあとに、ミキサーのスイッチを押す瞬間も、息子は心待ちにしています。

「最近、ミキサー、お気に入りだね」

「うん！」

「赤ちゃんのときは、ミキサーをこわがっていたのに」

私がそう言って笑うと、息子は不思議そうな顔をしました。

「なんで？」

「たぶん、大きな音がするから、びっくりして、泣いちゃったんだと思うよ」

離乳食のために、かぼちゃペーストを作ろうとしたときのことでした。

ミキサーのスイッチを入れた瞬間、赤ちゃんだった息子は大泣きしたのです。

**子育てに不慣れだったあのころ……。赤ちゃんがミキサーの音に驚いてしまうなんてことも私はわからなくて、毎日が手さぐり状態でした。**

「いまは、ぜーんぜん、こわくないよ！」

5歳の息子はそう言って、胸をそらします。

「ぼく、つよいもん！　おにいちゃんに、なった！」

母乳しか飲めなかったころがあって、どろどろの離乳食をなんとか食べさせて、ついには大人とおなじ料理を食べることができるようになって……。

赤ちゃんだったころのことを思い出すと、ずいぶん遠くまで来たような気がします。

かぼちゃスープのなめらかな舌触りには、離乳食を作っていたころの記憶も隠し味として加わり、改めて息子の成長を感じて、ほっこりと幸せな気持ちが胸に広がるのでした。

# かぼちゃスープ

材料

・かぼちゃ　1/4個

・玉ねぎ　1個

・豆乳　1カップ

・昆布だし汁　2カップ（あるいはチキンスープ）

・ひよこ豆みそ　適量

・塩　少々

1　かぼちゃの種やわたを取り、電子レンジでやわらかくして、皮をむく。

2　小鍋にだし汁とくし切りにした玉ねぎと塩を入れ、蓋をして、玉ねぎが透き通るまで火を通す。

3　2とかぼちゃとひよこ豆みそと豆乳をミキサーに入れ、なめらかにして、塩で味をととのえる。

お手伝いポイント

金属製の大きなスプーンを渡して、かぼちゃの種やわたを取ってもらいます。

# 子どもの「やりたい気持ち」をお手伝いにつなげる

## お豆たっぷりご飯

ボールを転がして遊ぶおもちゃを友人からおさがりとしていただき、息子はとても気に入っていました。

木を模したかたちのおもちゃには、ぐるりとレールがついていて、上から落としたボールがくるくると回転しながら、すべり落ちていくのです。

その様子を見るのが楽しいらしく、息子は何度も繰り返していました。

自分の手で「ボールをつまんで、落とす」という大人にとっては当たり前のような行為も、生まれてまだ一年ちょっとの息子にとっては、驚きに満ちた出来事だったのでしょう。

飽きずに遊んでいる息子のすがたを見て、ほんの少し前までは寝ていることしかできなかったのに、こんなに器用にボールを持てるようになったなんてすごいなあ……と成長を感じたものでした。

## 子どもの「いたずら」を「お手伝い」に変える

ところで、きのこは日光に当てるとビタミンDが増えることをご存じでしょうか。

私はそれを知ってからというもの、きのこを冷蔵庫に入れるのをやめ、窓辺に置いて、栄養価をアップさせてから、料理に使うようにしているのです。

そのときも、椎茸に日光を当てるべく、窓の近くの日が差しこむところに置いていました。

そして、いざ、夕食の準備をしようと椎茸を取りに行ったところ、そこには目を疑うような光景が広がっていたのでした。

おもちゃに、きのこが生えてる！

木を模したかたちのおもちゃに、本物の椎茸がいっぱいつめこまれた様子は、なんともシュールで、思わず笑ってしまいました。

息子の仕業であろうことは明白です。

椎茸が置いてあるのを見つけた息子は、それをつまみあげ、ボールの代わりにおもちゃに入れてみたのでしょう。

息子が行った「はじめてのいたずら」です。

ちなみに、辞書の『大辞泉』によりますと、いたずらという言葉は「人の迷惑になることをすること。また、そのさま。悪ふざけ」と説明されています。

たいていの場合、この意味で使われますが、ほかに「もてあそんではならない物をいじったりおもちゃにしたりすること」という説明もあります。

幼い子どもの「いたずら」は、後者でしょう。

**悪気があってしているのではなく、ただ、好奇心のおもむくまま、もてあそんではならないものをおもちゃにしているのです。**

それをわかっていたので、腹を立てることはありませんでした。

むしろ、面白いと思って、記念写真を撮っておいたのでした。

そして、息子に椎茸を見せながら、教えました。

「これはね、お料理に使うものなんだよ。今日はフライパンで焼いて、椎茸ステーキを作ります」

そう言って椎茸の軸を折ってみせます。

「この細いところは軸で、かたいから、こうやって取って、この平べったい部分だけ食べるの」

息子は手を伸ばして、椎茸をひとつ取ると、自分でもやってみます。

「こう？」

「そうそう、上手」

私はボウルを持ってきて、息子のそばに置きました。

「できたら、平べったいのはこっち、細いのはこっちに入れてね」

「うん！」

**椎茸の軸とりは、彼のもっとも得意とするお手伝いとなったのでした。**

そのころ、息子がよく遊んでいたボールを転がすおもちゃは、いわゆる「玉落とし」といわれるもので、幼児の指先を鍛えて、発育をうながす効果があるそうです。

大人が「いたずら」だと思うことも、子どもにしてみれば「指先を動かす能力を高めたい」という欲求のあらわれで、発達に必要な行為だったりするのです。

椎茸をおもちゃにつめこんだのも、指先を使ってそのような動きができるようになったのがうれしくて、もっと上達したかったからなのでしょう。

発達に必要な行為は、ときには「いたずら」となることもありますが、できるだけ「お手伝い」というかたちにして、子どもの「やりたい気持ち」を満たしてあげたいと思うのです。

## 大好きなお手伝い

そして、もうひとつ。

息子がお手伝いのなかでも、特に好きなのが「豆のさやとり」でした。

そういえば、ボールを転がすおもちゃのつぎは、ピタゴラ装置のような「ビー玉を転がすおもちゃ」にハマって、よく遊んでいたものです。

鮮やかな緑色をしたえんどう豆は、まんまるで、すべすべしていて、ビー玉が好きな彼の心に、ぐっとくるものがあったのでしょう。

我が家では「うすいえんどう」という種類の豆を使うことが多いです。調べてみたところによりますと、どうやら和歌山県の特産品で、関東ではなじみがないようですが、若草色をしたさやつきのえんどう豆が店頭に並ぶと、春のおとずれを感じます。

最初に作るメニューは、なんといっても定番の豆ご飯です。

そのほかに、えんどう豆の卵とじにしたり、おみそ汁に入れたりすることもありますが、やっぱり、豆ご飯が一番です。

さやつきのえんどう豆を買ってくると、息子の前にボウルとザルを用意します。

「お豆は、こっちのザルに入れてね」

息子は指先を器用に使って、えんどう豆のさやを筋にそって、ぱっくりと開き、なかの豆を取り出します。

「これ、いっぱい、はいってる！」

「よっつも、あった！　あたりだ！」

「みて！　あかちゃんおまめさん、かわいい！」

楽しそうに声を弾ませながら、ひとつずつ、豆をつまみだして、ザルへと入れていくのです。

ときには、ころころころろーんと豆の落ちる音が響きます。

「おかあさーん、おとしちゃった」

「どっち？　どこに落ちたの？」

「そっち、おかあさんのほう」

「ああ、ここだ。あった。よかったね、見つかって」

そんなやりとりをしているうちに、ザルのなかは豆でいっぱいになります。

それを洗って、ご飯といっしょに炊きこめば、春の味を堪能できるのです。

さやとりの大好きな息子は、一袋分すべて、豆を取り出してしまいます。

だから、我が家の豆ご飯はいつも白い部分が見えないほど、豆が敷きつめられているのでした。

おなじ豆ならこちらはどうだろうと、そら豆を買って、息子に渡してみたこともありました。

息子に読み聞かせをしていた絵本に『そらまめくんのベッド』（福音館書店）という作品があったので、そら豆のさやのふかふかした感じなど、実物を手にしたら、きっと、喜ぶだろうと思ったのです。

しかし、そら豆というのは意外とさやが頑丈で、そのころの息子の指の力では、ひとりで豆を取り出すことができなかったのでした。

まず、私がさやを折り、割れ目を作っておけば、なんとか豆を取り出すことができたのですが、それだと「自分でやった」という満足感が得られないらしく、えんどう豆のさやとりのほうが楽しいようでした。

息子の「やりたい気持ち」を優先して、春のあいだはしばらく、えんどう豆の料理がつづくことになりました。

豆のほくほくとした食感とほのかな甘さは、やさしい味わいです。

**春の香りがふわりと漂うご飯は、毎日食べても飽きず、こういう幸せを大切にしながら生きていきたいな……としみじみ思うのでした。**

# お豆たっぷりご飯

材料

・米　2合
・えんどう豆　1パック（豆だけで100gぐらい）
・酒　大さじ1
・昆布　5cm角
・塩　適量

1　米は研いで、昆布を入れ、少なめの水加減にして、1時間ほど浸しておく。
2　さやから豆を取り出して、さっと洗う。
3　米に、酒、塩、豆を加えて、炊く。

お手伝いポイント

さやから豆を取り出す作業を子どもに任せます。さやが硬いようなら、ヘタの部分にキッチンバサミで切り込みを入れてあげてください。

# お手伝いはコミュニケーションツール！

薄味のおいなりさん

夏休みの宿題として、息子が幼稚園から「おてつだいカード」を持って帰ってきました。

どんなお手伝いをしたかを書いて、イラストに色を塗っていくというものです。

こういう「親がちょっとした手間をかけなければならない課題」があるのが、なんとも幼稚園っぽい……と思いました。

実は、息子は保育園に2年通ったあと、幼稚園に入ったのです。

私の仕事が在宅勤務の自営業なので、当時の役所の方針では保育園探しのときに優先順位が低いとみなされて、家から遠い小規模な保育園にしか入れず、長く通えませんでした。そんな事情もあり、保育園と幼稚園のどちらも体験する、という少しめずらしいパターンを経験したのでした。

保育園は仕事や病気などの事情がある場合に、親の代わりに子どもを預かる施設です。なので、基本的に、親に負担がかかるような宿題が出ることはありません。

一方、幼稚園は教育を目的とした施設なので、親の協力が必要な宿題が出ることがあるのです。

夏休みの宿題は「おてつだいカード」のほかに、歯磨きや早寝早起きなどがちゃんとできたらシールを貼っていくというものもありました。

幼稚園の先生は、子どもに「望ましい行動」をさせるための仕組みとして、シールやスタンプなどをうまく使っています。

毎日、登園したら、出席ノートにシールを貼るのですが、子どもたちはそれを楽しみにしているようです。お片づけができたり、元気にお返事ができたりと、望ましい行動ができたときにも、シールがもらえるのです。

ノートや壁に掲示された台紙に、シールがどんどん増えていくことで、達成感を得ることができるというのはわかります。

この便利な方法を家庭にも導入してみようか、と考えたこともありました。
しかし、**いろいろと調べた結果、我が家では、このような「ごほうびシール」や「ポイント制」のようなものは行わないことにしたのでした。**

## 「ごほうび」の落とし穴

**モチベーションには「外発的動機づけ」と「内発的動機づけ」のふたつが心理学の用語としてあります。**

ごほうびや評価、あるいは罰の回避など、外側からの刺激が要因となるものが、外発的動機づけです。

一方、内発的動機づけとは、なにかのためではなく、そのこと自体に興味や関心を持ち、自分の内側から湧いてくる「やりたい気持ち」なのです。

**子育てをする上で、私はこの「内発的動機づけ」を重視しています。**

たとえば、ピアノを弾くことについて考えたとき、練習をすれば「ごほうびがもらえる」という外発的動機づけしかないと、ごほうびがなくなったり、ほめられなくなったりすれば、やる気が失われてしまいます。

しかし、内発的動機づけであれば、ピアノが「好き」で「楽しい」から弾いているので、だれかに強制されずとも、自分から練習したくなるのです。

ごほうびのためにピアノの練習をしていた子も、ピアノを弾く時間を楽しんでいた子も、演奏技術を身につけたという結果の点ではおなじように見えるかもしれませんが、そこには大きなちがいがあると思うのです。

しかも、ごほうびを与えることは、ときに悪影響を及ぼします。

心理学者のエドワード・L・デシは、その著作『人を伸ばす力　内発と自律のすすめ』（新曜社）において「人々を動機づける手段として報酬を位置づけないことが大切である」と主張しています。デシの行った「ソマ・パズル」の実験によると、金銭的報酬という「ごほうび」を与えることによって、もともと楽しんでやっていたことへの興味がなくなったという結果が報告されているのです。

報酬によって、モチベーションが下がる現象は「アンダーマイニング効果」と呼ばれています。

たしかに、目の前に「ごほうび」のにんじんをぶら下げることで、やる気のない子どもにも勉強や習い事などを継続させることはできるでしょう。

エビデンスベースの教育の本として話題になった『「学力」の経済学』（ディスカヴァー・トゥエンティワン）には、本を読むという「インプット」に対してごほうびを与えることで、子どもの学力が向上した、というアメリカの実験例が載っていました。

しかし、**ごほうびという外発的動機づけで、子どもに「望ましい行動」をさせることは「全体の質」を向上させる効果はあっても、個人の「幸福」につながるとは言えないのでは……という気がするのです。**

そのような資料を読んだこともあり、家庭では「ごほうびでモチベーションを高める」という方法は使いたくないなと思ったのでした。

そういうわけで、外発的動機づけで子どもを大人に都合よく「操る」みたいなのはどうなんだろう……という思いが私にはあったのですが、そんな考えはまったく気にせず、息子は張り切っていました。

「ごはん、つくる！」
「おなべ、あらうよ！」
「ぞうきんがけ、したい！」

つぎつぎとやることを見つけて、宿題の「おてつだいカード」に、たくさん色を塗っていきます。

なぜ、彼はこんなにお手伝いに対する意欲にあふれているのか。

私なりに分析をしてみると、おそらく、子どもならだれもが持っている「知的好奇心」によるものでしょう。幼い子どもはこの世界にまだ慣れていないので、見るもの聞くものすべてが新しく、あらゆることを知りたがります。**身近な大人の行動に興味津々で、自分でも真似をしたがるのです。**

それから、**自分が「役に立つ」というのも、人間の持つ本質的な喜びなのだと思います。**

子どもはできないことが多く、世話をしてもらう立場であるからこそ、自分にも「できること」があるとうれしくて、いつも面倒を見てくれている相手に「お返しをしたい」という気持ちになるのではないでしょうか。

## 思いがけないところでつまずく

息子が作りたいというので、夕飯のメニューはおいなりさんになりました。

油揚げをザルに入れ、熱湯をかけて、油抜きをするところまでは、私がやります。

そのあとは、息子の出番です。

「まだ熱いから、少し待って」

「うん！」

「冷めたら、お揚げさんを絞って、水気を切ってくれる？」

「わかった！」

油揚げを息子に任せて、私は白菜の浅漬けを仕込んだり、みそ汁の具を切ったりします。

すると、息子のしょんぼりとした声が聞こえました。

「やぶれちゃった……」

息子は油揚げをぎゅっと握って、左右の手でねじるようにして、絞っていたので、中央で破れてしまったのでした。

ああ、そっか、お手本を見せなかったから……。

子どもは知識も経験もほとんどないので、こちらが思いもしないようなところでつまずいたり、失敗をしたりします。

このときも、まさか油揚げをそんなやり方で絞るなんて予想外で、ぞうきんとおなじだと考えたのか、なるほど、面白いな……と思ったのでした。

**あらかじめ、こちらが「正しいやり方」を示しておけば、ミスは少なくて済むのかもしれません。**

しかし、失敗をするのも、また経験です。

「いいよ。うまくできなかった分は、おうどんに入れる用にするから」

破れた分の油揚げは、きつねうどんのときに使うことにします。

息子はしばらく考えたあと、さっきとはちがう方法を試してみました。

「あ、わかった!」

そう言って、両手で油揚げを挟みます。

「こうやって、てで、ぺたんこにしたら、いいんだよ!」

今度は、ふたつの手を合わせて、油揚げを軽く押さえるようにして、水を切ります。**失敗の原因を考え、ちゃんと自分で解決策を見つけていたので、私はすっかり感心しました。**

油抜きをしたあとは、半分に切っていきます。

「ぼく、きるの、やりたい！」

平べったい形状でやわらかい油揚げは、子どもの力でも切りやすく、包丁の練習にちょうどよさそうです。

「気をつけて、切るんだよ」

私が言うと、息子は踏み台を持ってきて、まな板の前に立ちました。

「どうやって、きるの？」

「こうやって、半分にしようか」

私の暮らす関西では、三角形のおいなりさんが一般的です。正方形の油揚げを対角線で切って、三角形にするのです。

でも、斜めに切るのは難しいので、今回は縦半分に切って、俵型で作ることにしました。

息子はまだ少し危なっかしい手つきで、包丁を動かして、油揚げを切っていきます。

ぴったり半分のところで切ることはできず、かなり大きさにばらつきがありますが、家で食べるものなのだし、かたちがそろっていなくてもいいでしょう。

切った油揚げは鍋で甘辛く煮て、火を止め、味をしみこませます。

ご飯が炊けたら、べつの容器に移します。

そして、ご飯に酢をまわしかけながら、私は息子にこう声をかけました。

「うちわで、パタパタして！」

その途端、思い出したのです。

これ、やったこと、ある……。

急いでうちわを持ってきた息子が、湯気の立っている酢飯をパタパタと扇ぎます。

私はしゃもじで切るようにして、酢飯を混ぜていきます。

つんっとした酢の匂い。酢飯の白い輝き。うちわのパタパタという響き……。

遠い昔、自分が子どもだったころ、私も、いま息子がやっているように、うちわで酢飯をパタパタと扇いでいたのでした。

ひとりが酢飯をしゃもじで混ぜているあいだに、もうひとりがうちわで扇いで、手早く冷まして、つやつやとした照りを出す……。

それは、私にとって「唯一のお手伝い」といえる経験だったかもしれません。

## 親が家事をする背中を見せる

実は、私は子ども時代を振り返っても、お手伝いどころか「母親が家事をしているすがた」というもの自体、あまり記憶にないのです。

私の母は、ずっと専業主婦でした。**働きに出ていなかったので、おそらく、ほとんどの家事は子どもたちが学校や塾などにいるあいだに行っていたのでしょう。**

**子ども時代の自分にとって、部屋はいつのまにか掃除されているものであり、料理はどこからか出てくるものだったのです。**

母が家事をしているところをほとんど見ていないので、自分でも真似をしたいとか、手伝おうとかいう気持ちになった覚えがありません。

いま考えると、それは少しもったいないというか、貴重な成長の機会を逃していたような気がするのでした。

一方、親の立場になった私はといえば、息子が幼稚園に行っているあいだは仕事をしているので、家事をするのは息子がそばにいる時間だけです。

手っ取り早く家事を終わらせたいなら、子どもがいないときに行うほうが、邪魔されず、効率的でしょう。

しかし、私は自分自身の子どものころを振り返って、**親が家事をしているすがたを見るというのも大切な経験ではないか……と思うのでした。**

お手伝いは、親子のコミュニケーションツールとして役立ちます。

もし、私が子どものころにも「おてつだいカード」があれば、母との思い出はもっと増えていたかもしれない……なんて考えも浮かんだのでした。

息子は小さな手で、油揚げに酢飯をつめていきます。

できあがったおいなりさんは、当初の予定よりも数が少なくなっていました。

大きさもまちまちで不格好なおいなりさんですが、手作りならではという感じで、素朴な味わいがあります。

「おうちでつくると、おいしいよね」

自分で作ったおいなりさんに、息子も大満足のようでした。

「そうだね。お店で買うより、おいしいよね」

「こんどから、ずっと、おうちで、つくろうよ！」

そんなふうに言う息子に、私はこう返します。

「お手伝いしてくれるならね」

息子はにこにこしながら、うなずきました。

「うん！　ぼく、ずっと、てつだうよ！」

けれども、私にはわかっています。

息子がお手伝いをしてくれる時間なんて限られているのだ、と。

そのうち、彼も勉強やら部活やらで忙しくなるのでしょう。

だからこそ、**親のそばにいて、いっしょにやりたがる時期に、お手伝いの記憶を残しておきたいと思うのです。**

私も、もうちょっとお手伝いをしておけば母との関係も変わっていたのかな……とか考えながら、おいなりさんを食べると、少し酸っぱくて切ない味がしたのでした。

# 薄味のおいなりさん

材料（16個分）

・米　2合
・昆布　5㎝角
・乾燥ごぼう　大さじ1
・寿司用油揚げ　8枚
・だし汁　カップ1／2
・クコの実　大さじ1
・はちみつ　大さじ2
・酒　大さじ2
・醤油　大さじ3
・りんご酢　大さじ4
・白ごま　少々

1 米は研いで、水と昆布と乾燥ごぼうを入れて、1時間以上、浸しておく。
2 油揚げは湯通しをして、しっかり絞り、半分に切る。
だし汁、はちみつ、酒、醤油、クコの実を鍋に入れ、油揚げを並べて、アルミホイルなどで落とし蓋をして、沸騰させたあと、5分ほど弱火で煮たら、火を止めて、味をしみこませる。
3 米を炊き、べつの容器に移して、りんご酢を混ぜ合わせ、白ごまを振りかけ、うちわで扇いで、冷ます。
油揚げを煮た鍋から、クコの実を取り出して、酢飯に混ぜる。
4 油揚げを開いて、酢飯をつめていく。

お手伝いポイント

酢飯を冷ますときにうちわで扇ぐ係をやってもらったり、油揚げに酢飯をつめていく作業をいっしょに行ったりします。

# どんどん失敗させよう

## クリスマスのたこ焼きパーティー

どこで覚えてきたのかわからないのですが、息子が小さなころからお気に入りの「謎な遊び」がありました。

長い棒を持ち、まるいものを容器に入れて、ひたすら、その棒でくるくると転がしているのです。

名づけて、たこ焼き屋さんごっこ。

外で遊ぶときは、そのへんに落ちている木の棒と石ころを拾って、たこ焼き屋さんになります。

家で遊ぶときは、おままごと用の菜箸を使って、たこ焼きに見立てる「まるいもの」はお手玉やボールだったり、自分で紙をまるめて作ったりしていました。

たこ焼きを焼く場所も、仕切りのあるラックを使ったり、果物が入っていた段ボール箱の緩衝材を利用したりと、工夫をしていて、よく思いつくものだなあ……と感心したのでした。

「たこやき、いくつ、いりますか？」

息子は棒で器用にたこ焼きを作る真似をして、私に食べさせてくれます。

「ふたつ、ください」

「はい、どうぞ」

「ありがとう」

そして、思い返してみれば、私も子どものころに、たこ焼き屋さんごっこをして遊んだ記憶があるのでした。

大阪で幼少期を過ごす以上、だれもが通る道なのでしょうか。

## 自分で選んだクリスマスプレゼント

さて、もうすぐクリスマスを迎えようかというある日、息子は言いました。

「ぼくね、くりすますのぷれぜんと、たこやききがいい！」

たこ焼き器……。

そんな関西ローカルなもの、北極だかフィンランドだかに住むサンタさんは知ってはるんやろか……。

しかも、**我が家に来るサンタさんはいつも「本をプレゼントしてくれる存在」だったのです。**

毎年、クリスマスの朝に、息子の枕元にはラッピングされた薄くて平べったいものが置いてあり、包みを開けると、絵本が出てきたわけです。

しかし、目をきらきらさせている息子を前に、つい、こう言ってしまいました。

「じゃあ、サンタさんに、お願いしてみたら？」

私の言葉を受け、息子は窓から空に向かって、叫びます。

「さんたさーん、ぷれぜんと、たこやきき、くださーい。おねがい、しまーす」

そして、クリスマスの朝。

息子が担当しているお手伝いに「ベランダの植物に水やりをする」というものがあ

ります。

その日も、水やりのため、ベランダに出た息子は、そこであるものを発見しました。

見慣れぬ大きな箱。

その箱には、たこ焼き器の写真が載っています。

「おかあさん！　きて！　みて！　これ！」

あわてて呼びに来た息子に、私は笑いをこらえながら言います。

「きっと、昨日の夜のうちに、サンタさんが来て、ベランダに置いておいてくれたんだね」

息子はまた、空に向かって、叫びました。

「さんたさーん、たこやきき、ありがとー」

そんなわけで、さっそく、たこ焼きパーティーをすることになったのでした。

## 小さな失敗が成長への近道

たこ焼きの材料をそろえて、生地の準備をすると、私はガスボンベをセットして、たこ焼き器に火をつけました。

「ここに、がすが、はいってるの？」

ガスボンベの存在をはじめて目にして、息子は興味津々です。

「熱いから、気をつけてね」

「はーい！」

生地を流し入れたあと、息子は竹串を持って、たこ焼きをひっくり返していきます。

ついに本物のたこ焼きをひっくり返すことができて、息子は大興奮でした。

ごっこ遊びのときとはちがって、実際にやってみると、たこ焼きをまるくするのは難しく、思いどおりにはいかないようですが、せっせと竹串を動かしています。

そして、夢中になるあまり、息子の手が、たこ焼き器の鉄板に触れてしまいました。

「あちっ！」

驚いたように手を引っこめる息子。

ああ、だから、気をつけてと言ったのに……と胸が痛みます。

「水で冷やして」

「わかった」

流水で冷やしたあと、息子はまたすぐに気を取り直して、竹串を持ち、たこ焼きをまるめる作業に戻りました。

熱い鉄板に触れないよう、さっきよりも注意深く、竹串を動かしています。

その様子を見て、**小さな失敗をすることで、成長していくのだな……と実感しました。**

幼いうちに痛い思いをすることで、危険について学び、将来的に大きな怪我をしないで済むという考え方もありますし、これも必要な経験なのでしょう。

たこ焼きが完成すると、息子は「おいしーい」とぱくぱく食べていました。

しかし、私はその味に、満足できなかったのです。

うーん、たしかにおいしいんだけど、生地がもっちりしすぎている。私の好きなたこ焼きは、もっと、なかがとろっとしていて……。

食べれば食べるほど、自分の思い描いている「理想のたこ焼き」とのちがいに、あともう一歩……という気分になります。

「ちょっと、粉が多かったのかも」

私の言葉に、息子は首をかしげます。

「そう?」

「お母さんは、もうちょっと、生地がやわらかめのたこ焼きが好きなんだよね」

「ぼくは、このたこやき、すき!」

息子はうれしそうにたこ焼きを頬張っていましたが、私は少しだけ不満が残っていたのでした。

## 2回目にチャレンジする

そして、後日。

「今日も、たこ焼きにしようか」

「うん! つくろう、つくろう!」

息子は意気揚々と、たこ焼き器を出してきました。

材料の配分を変え、今度こそ、理想のたこ焼きに近づけようとします。

研究の結果、だし汁をかなり多めにして、強火でまわりをこんがりと焼くことで、とろとろのたこ焼きができることがわかりました。

「よし、今度はうまくできた」

「よかったね」

ようやく満足できた私に、息子は言いました。

「ぼくも、うまくできたよ。あついところ、さわらなかった！」

息子はすっかり竹串の使い方がうまくなって、たこ焼き器の鉄板に触れてしまうこともありませんでした。

「失敗は成功のもと、だね」

私の言葉に、息子もうなずきます。

**「しっぱいしても、つぎにうまくできたら、いいんだよ」**

得意げに言って、息子はたこ焼きを頬張りました。

「たこやきぱーてぃー、たのしいね！」

「うん、楽しいね」

ふたりで、顔を見合わせて、にっこりと笑います。

クリスマスのプレゼントといえば、一般的には子どもが喜びそうなおもちゃなどが多いと思いますが、たまにはこんな「実用品」もいいものです。

# たこ焼き

材料（20個分）

・米粉（薄力粉でも可）　カップ1
・だし汁（昆布と鰹で濃いめに）　1と1／2カップ
・卵　1個
・醤油　小さじ1
・茹でたこ　1パック
・あみえび　大さじ2
・万能ねぎ　3本
・キャベツ　2～3枚

1 たこを1㎝くらいに切る。ねぎとキャベツを刻む。
2 だし汁に、卵を割り入れ、しっかりと混ぜたあと、醤油を加え、キャベツ、ねぎの半量、あみえび、米粉を加えて混ぜる。
3 たこ焼き器の穴に油をひく。たこ焼き器を熱して、生地を流し入れる。
4 強火で熱しながら、たこを入れる。
5 生地の端が固まってきたら、竹串などを使って、縦と横に線を引くようにして穴のまわりにはみ出した生地を切り分け、穴のなかへと包みこんでいくようにして、まるめていく。
6 たこ焼きを皿に盛りつけ、残りのねぎをかける。お好みでソースやマヨネーズをかけ、鰹節や青のりをトッピングする。

お手伝いポイント

竹串を使って、たこ焼きを丸めていきます。包丁が使えるようになった後は、たこを切る作業を任せると、たこ焼き器の穴の数に合わせることなどを発見して、楽しんでいました。

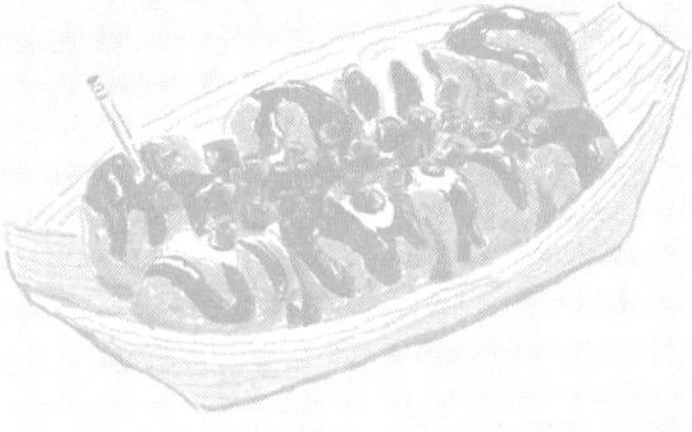

1
育児と家事を
同時に楽しむ

# みんなとちがう、と言われたら

豚みそおにぎり

今回のエッセイは、編集者さんから「スマホとのつきあい方について知りたいです」というリクエストがありましたので、お答えしたいと思います。

うちでは息子が5歳くらいになるまでは、ほとんどスマホを見せることはありませんでした。

最初から「5歳まではスマホを見せない」と決めていたわけではなく、なんとなく自然にそうなりました。

幼稚園での友達づきあいが活発になると、息子も子ども同士の会話でいろいろと情報を仕入れて、おもしろ動画やゲームの存在を知ったようです。

そして、私に「あいぱっどで『まいくら』っていうの、みせてください」とか言い出したのでした。

**息子がきちんとした言葉で、礼儀正しくお願いをしたときには、たいていの要望は聞き入れるようにしています。**

なので、私は検索をして『マインクラフト』というゲームの動画を見つけて、いっしょに見ることにしたのでした。


子どもにスマートフォンで動画を見せたり、ゲームで遊ばせたりしていれば、親が相手をしなくても、ひとりで静かにしているので、便利な方法だということはわかります。

しかし、私は「せっかく息子といっしょにいられる時間なのに、スマホを見せておくなんて、もったいない」と考えていました。

おそらく一日中ずっと子どもの世話をしていれば、スマホなどに子守りをさせて、親がほっと一息つく時間もほしくなることでしょう。

うちの場合は、早くから保育園に預けていたことで、息子のそばにいられる時間は限られていました。

本当はずっとそばにいたいけれど、仕事をするために日中の大半を離れて過ごさなければならない……。そんな物足りなさを抱えていたので、息子が帰ってからはたくさん話をしたり、いっしょに遊んだりしたかったのです。

だから、スマホの出番はあまりありませんでした。

**私の基本方針は「育児と家事を同時に！」です。**

そのための仕組みができていたので、子どもにスマホを見せているあいだに家事をする、ということもなかったのです。

**家事の達成レベルを下げ、手抜きをして、やらずに済むことはやらず、息子と楽しく過ごせることを最優先に考えていました。**

## テレビがない生活

ちなみに、我が家にはテレビもないのです。

教育上の配慮というわけではなく、もともとテレビがなかった家に息子は生まれてきました。

私自身はテレビっ子で、子どもがいなかったころは海外ドラマなどを見まくってぃたのですが、仕事が忙しくなりすぎたある日、追いつめられて、そうだ、テレビを見ている時間をなくしたら、もっと原稿を書く時間が増えるのではないだろうか……と思い、テレビを捨てたのでした。

テレビがない分、絵本をたくさん読み聞かせしました。

これも、**息子の教育のためというより、私の個人的な趣味というか、好きな絵本を選んで、半ば自分の楽しみとして行っていたのです。**

そんな感じで息子はアニメや幼児番組をほとんど見たことがなく、ゲーム機で遊んだこともなかったので、この現代日本においては「ちょっと変わった環境」で育てられているのかもしれません。

保育園に通っていた2〜3歳くらいのころは、子どもたちも「まわりと比べる」ということはなく、ちがいを意識することはないようでした。

しかし、幼稚園に通うようになってからは、**子ども同士の会話も増えて、息子は自分の家庭が「ほかとちがう」ことに気づいたのでした。**

息子の通う幼稚園は、毎週金曜が「おにぎり弁当」の日です。

保育園時代には給食がありましたが、幼稚園に通うようになって、毎日のお弁当作りが必要になりました。おにぎり弁当の日は、お弁当箱に入れるおかずのことを考えなくていいので、保護者にも好評のようです。

さて、**私が「家事の負担をできるだけ減らす」ためにとった方法のひとつに、すべてを自分でするのではなく、ダンナに「割り振る」という手があります。**

毎日のお弁当作りも、私は「月曜・火曜」を担当して、ダンナが「木曜・金曜」を担当していました。ちなみに水曜日は午前中保育なのでお弁当はありません。

そんなわけで、息子にとっては「おにぎりを作るひと」といえば、父親なのです。

これもまた、息子にとっては「みんなとちがう」ところでしょう。

最近では共働き世帯が増えて、男性が家事を担当することもめずらしくはないとは思います。

しかし、息子が通っていた幼稚園は専業主婦世帯がほとんどで、たいていの家庭では「お母さんが家事をするひと」だったのです。

金曜日だけではなく、遠足などの行事のときにもおにぎりが必要なのですが、それもダンナに任せていました。

行事のときには、いわゆるデコ弁といいますか、キャラクターの顔になっているおにぎりとか、凝ったものを持ってきている子もいたようです。

息子からそんな話を聞くと、ほかのお母さんたちと「おなじようにできていない」ことについて、ほんの少し、心が揺れたりしないでもなかったのですが、でも、まあ、自分は自分、ひとはひと、それぞれの家庭のやり方があるのだから……と気にしないようにしていました。

## 「ちがいを認め合う」という経験

そんなある日、幼稚園から帰ってくると、息子はぷっと頬をふくらませて、こう言ったのでした。

「おにぎりに、ぶたみそ、いれるの、やめて!」

豚みそとは豚ひき肉に砂糖やみそを加えて煮詰めた鹿児島の伝統的な常備菜です。

おにぎりの具に、こういう甘辛くてこってりしたものを選ぶのが、私にはないセンスといいますか、父親がおにぎりを作るのもレパートリーが増えていいものだな……と思っていました。

しかし、息子は不満げな様子です。

なにがあったのか、くわしく話を聞いてみることにしました。

「ようちえんでね、くいず、してるの」

「クイズ？　どういうクイズ？」

「おにぎりを、あてるの」

「ああ、おにぎりの具はなにかな、ってクイズを出しっこしているんだね」

「それでね、ぼく、ぶたみそっていったら、みんな、『そんなん、しらん』『きいたことない』っていうの」

しょんぼりとした口調で、息子は言いました。

「ずるって、いわれる。だから、いれないで」

どうやら、おにぎりの具をあてるクイズにおいて、息子の答えが「豚みそ」というレアな存在だったので、ほかの子たちから文句を言われて、落ちこんでいるようです。

はてさて、どうしたものか。

**集団生活において「みんなとちがう」ということは、トラブルのもとになりやすいです。**

ダンナに事情を伝えて、ほかの子が知らないようなものは使わず、無難なおにぎりの具を入れるようにしてもらうのも、ひとつの手ではあるでしょう。

しかし、息子には「ちがいを認め合う」という経験をしてほしいな……と思ったのです。

なので、私は言いました。

「**みんなが知らなくても、豚みそのこと、きみが教えてあげたらいいんだよ。**豚肉の入っているおみそで、とってもおいしいんだよ、って。そうしたら、みんなにとっても、今度からはもう『知っている食べ物』になるんだから、ずるじゃないよ」

息子はいちおう、納得したようでした。

「わかった！　そうする！」

それからは機嫌よく、豚みそのおにぎりを持っていっていたのでした。

そして、後日。

「ぼく、おにぎり、じぶんで、つくりたい！」

息子がそう言い出したので、休みの日の朝から、おにぎりを作ってもらうことになりました。

ボウルに水を入れて、小皿に塩を出して、海苔もちょうどいい大きさに切って、準備万端。

両手できゅっとおにぎりを握る息子のすがたは、なかなか、さまになっています。

「おお、上手だね」

私が声をかけると、息子は得意げな笑みを浮かべました。

「だって、えんちょうせんせいに、おしえてもらったんだもん」

息子が通う幼稚園では、お誕生日会という行事があり、園長先生といっしょに、おにぎりとみそ汁を作ることが恒例となっているのでした。

「はい、おかあさんに、あげる」

おにぎりができると、息子は私に差し出しました。

「たべて」

小さな手で握った、小さなおにぎり。

具はなんにも入っていない塩むすびです。

そのおにぎりを頬張った途端、私は泣きそうになりました。

自分が知らないところで、息子におにぎりの握り方を教えてくれたひとがいることに、感謝の思いで胸がいっぱいになって……。


**集団生活で、傷つくこともあれば、学ぶこともあります。**

私は息子をみんなと「おなじ」ように育てていません。


**でも、だいじょうぶ。**

**いろんなひとに支えられ、息子は成長をしているのです。**

息子が握ってくれたおにぎりは、これまでに食べたどんなものよりも、おいしくて、忘れられない味となったのでした。

# 豚みそ

材料
・豚ひき肉　１００g
・乾燥にんにくスライス　小さじ１
・ごま油　小さじ１
・長ねぎ　１／４本
・酒　大さじ２
・砂糖　大さじ２
・みそ　大さじ３

1　フライパンにごま油を熱して、豚ひき肉に酒を振りかけ、中火で炒める。
2　乾燥にんにくスライスを細かく砕いて、みじん切りした長ねぎといっしょに加える。
3　砂糖、みそを加え、焦げつかないように、木べらで全体をよく混ぜながら炒めて、火を止めたあと、そのまま冷ます。

お手伝いポイント
乾燥にんにくスライスを細かく砕く作業を任せたり、みそをフライパンに入れてもらったりします。年齢があがると、炒める作業もできると思います。

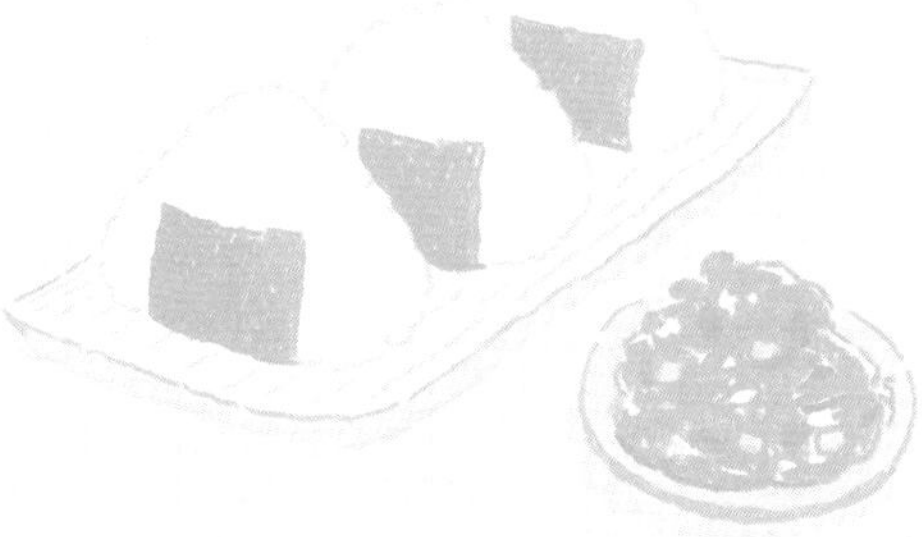

# 2

## 食に興味を持たせる

# 絵本から食への興味につなげる

## 入れ子の器で豚汁

夫婦ふたりで暮らしていた期間が長かったので、我が家にある食器は「ペア」のものが多いです。

おそろいの柄で微妙に大きさのちがう夫婦茶碗、皿も各種2枚ずつ、箸置きもおなじものがふたつ。

食器を集める趣味はなく、どちらかというと**管理が大変だから物を増やしたくないという思いのほうが強いので、我が家の食器は最小限に抑えられていました。**

そこに、息子が生まれて、ベビー用の食器が増えたのです。

出産祝いとして、プラスチック製やメラニン製の軽くて割れにくい食器のセットをいただきました。そのセットには、両側に持ち手のあるマグ、滑り止めのゴムがついたお椀、お子様ランチで使うような仕切りのついた皿などが入っていました。

ベビー用の食器は色使いが派手だったり、ファンシーな絵柄がついていたりして、シンプルなものを好む私としては、自分ではまず選ばないであろうセンスでしたが、出産後には自然とそれらの「好みではない食器」も受け入れることができたのです。

おままごとで使うおもちゃみたいなベビー用の食器を見ていると、ああ、これが子どものいる暮らしなのだなあ……とほんわかした気持ちになったものでした。

## 子どもの憧れを取り入れる

そんなある日、長年愛用していたお椀の塗装が剝げていることに気づき、新しいものを探すことになりました。

最初は、いつものとおり、夫婦ふたりで使う「ペアの汁椀」を買うつもりでいたのですが、面白いものを見つけたのです。

入れ子になった漆塗りの器。

大中小と、3つの器が重なっているのを見て、ひらめきました。

これなら、息子もいっしょに使えるのでは……。

子どもだからといって、ベビー用の食器でなければいけないと決まっているわけではありません。

**赤ちゃんのときからベビー用の食器を使っていたので、すっかり「息子用と大人用はべつの食器」という気がしていましたが、べつに大人とおそろいの食器を使ってもいいのです。**

考えてみれば、息子は食べる量も増えているし、ものを丁寧に扱えるようになってきているので、そろそろ、ベビー用の食器を卒業してもいいかもしれません。

大中小と並んだ器に、私は子どものころに読んだ『3びきのくま』という絵本を思い出しました。

森に迷いこんだ女の子が、くまの家に入りこみ、イスに座ったり、スープを飲んだり、ベッドで眠ったりする物語です。

その絵本には、お父さんぐまの使っている大きな器、お母さんぐまの使っている中くらいの器、子どものくまが使っている小さな器が描かれていて、強く印象に残っていたのでした。

絵本で見たのとおなじような、3つの器。

3人家族に、ぴったりです。

漆塗りで、お値段は高めでしたが、息子に「本物の漆器」を使わせることもいい経験になるかもしれないと考え、思いきって購入することに決めました。


3つの器を眺めて、なにを作ろうか……と考えます。

新しい食器に、はじめて料理を盛りつけるときは、わくわくするものです。

かぶがあったので、それを使って、豚汁を作ることにしました。

このころ、週に一度、農家の方からその時期に採れる野菜を配達してもらっていたのです。

かぶや大根は、たいてい、葉がついたままで届けられていました。かぶの葉は栄養も豊富ですし、捨てるのはもったいないので料理に使いたいのですが、少し苦味があって、息子には食べにくいようです。以前、かぶの葉をシンプルなみそ汁にしたときには不評だったので、今回はこってり味の豚汁にしてみました。

食卓に並んだ器を見て、息子は大喜びです。

「みっつ、おそろい！」

豚汁の入った器を持って、満面の笑みを浮かべています。

「ぼくね、はっぱ、にがてなの」

そう言ったあと、息子はかぶの葉っぱをぱくりと食べました。

「でも、みて。ほら、たべたよ！　すごいでしょ！」

ほめてほめてアピールをする息子に、私はうなずきます。

「そうだね、大きなお兄ちゃんだもんね」

「うん！　もう、おとな！」

**大人とおなじ食器を使うということは、息子にとって、こちらが思う以上に誇らしい出来事のようでした。**

## 配膳のお手伝い

**息子のお手伝いのひとつに「食器の用意」があります。**

料理ができあがるタイミングで、こちらが「おみそ汁のお椀、取って」と声をかけると、食器を持ってきてもらえるので、とても助かるのです。

ほかにも「お箸を並べて」とか、「小皿を並べて」とか、私の声かけに合わせて、息子は食器を取り出すのですが、改めて考えてみると、おそらく、食器の数が少ないから、それが可能なのではないか、という気がします。

うちには大きな食器棚がなくて、いつも使う食器だけを冷蔵庫の横にある小さめの棚に置いているのです。

棚の一番下は缶詰、下から二段目はレトルトカレーやお茶っぱなどの常備品、その上に食器を入れています。そして、絶対に割られたくないワイングラスやお客様用の食器などは、息子の手の届かないところにしまってあるのです。

ふだん使いの食器にはバリエーションがなく、お茶碗といえばこれ、小皿といえばこれ、丼といえばこれ、と決まっています。

食器がたくさんあると、子どもには探すのが難しいでしょう。ずらりと皿があるなかで「美濃《みの》焼の七寸角皿、取って」とお手伝いを頼まれても、戸惑うのではないかと思うのです。

私はあまり管理能力が高くないので、**食器を少なめにして、ぱっと見渡せるように**

並べています。それが結果的に、子どもにとっても「お手伝いしやすい仕組み」になっていたのでした。

またべつの日にも、私が「おみそ汁のお椀、取って」と頼むと、息子はおそろいの器をうれしそうに持ってきてくれました。

「これが、おとうさんの。これが、おかあさんの。これが、ぼくの！」

そして、大きな器をまじまじと見つめながら、息子はつぶやきます。

「おとうさんのは、やまもり、はいるね」

その言葉に、父という存在への畏敬の念を感じました。

大きな器を使って、たくさんの料理を食べるということに、息子は憧れを抱いているようです。

それぞれの体の大きさに合わせて、ちょうどいい大きさの器。

私は、自分が「中」であることに、なんだか、少しくすぐったいような気持ちになったのでした。

**子どものころは、私も「小」の立場でした。**

**それに、夫婦茶碗でも「小」のほうだったのです。**

**けれども、息子という、より小さな、守るべき存在ができて、私はもう「小」の立場ではなくなった……。**


そんなことを思っていたら、息子は自分の器を持ってきました。

「ぼくも、やまもり、たべるよ！」

3つのうちの「小」の器を手にして、息子は言います。

「もっと、いっぱい、たべるようになったら、どうする？　これじゃ、ちっちゃすぎるよ！」

息子の器にみそ汁をよそいながら、私は答えました。

「そのときは、お母さんの器と交換してあげるよ。お母さんが小さいのを使うから」

しばらく考えてから、また息子は言います。

「もっと、もっと、いっぱい、たべるようになったら、どうする？」

「そのときは、お父さんの器を使わせてもらおうか」

「うん！　いちばん、おおきいの、つかう！」

「そうだね、そんな日も、そのうち、すぐに、来ちゃうのかもしれないよね……」

いまはまだ、小さな器でちょうどいい、小さな息子。

けれども、あっという間に大きくなって、私よりもたくさん食べるようになり、父親を上まわる日も来るのでしょう。

毎日、ごはんを作って、毎日、器によそって……。

息子がぱくぱく食べて、器をすっかり空にして、ぐんぐん成長していくことが、私にとってはなによりの喜びなのですが、そこには一抹のさみしさもあるのでした。

# 豚汁

材料

・だし汁　3カップ
・かぶ（葉つき）　2個
・ねぎ　適量
・豚肉（こまぎれ）　100g
・ごぼう　1本
・みそ　大さじ3

1 ごぼうはささがき、ねぎは小口切り、かぶは皮をむいて、いちょう切り、かぶの葉は刻んでおく。

2 鍋にだし汁と、ねぎ以外の野菜を入れる。野菜に火が通ったら、豚肉を入れて、灰汁《あく》を取る。

3 火を止めて、みそを溶き入れる。器によそい、ねぎを散らす。

お手伝いポイント

うちはベランダでねぎを育てていたので、ねぎを収穫してきて、ハサミで切って、みそ汁にトッピングするという作業を任せていました。

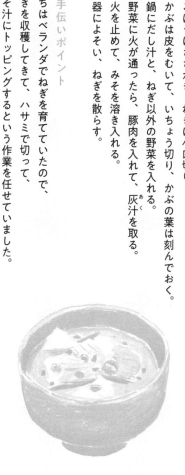

# 本は興味を無限に広げる近道

子どものころから、私は本が大好きでした。

なぜ、自分がこんなに「本好き」になったのか、理由はよくわかりません。物心ついたときにはすでに本の虫でした。学校の図書室の常連であり、休み時間にもずっと教室で本を読んでいるので、先生に「本ばっかり読んでいないで友達と遊びなさい」と叱られたという、筋金入りの本好きの子どもだったのです。

## 親子でおなじものが好きとは限らない

しかし、親子だからといって、おなじものが好きだとは限りません。

私の両親は、どちらもあまり本を読まないタイプでした。

母は小学生のときからスポーツに打ち込み、運動会でもリレーの選手になるのが当然だったらしいです。

そんな母から生まれたのに、私には優れた運動神経はありませんでした。母は自分のやっていたスポーツを娘にもさせたかったようですが、私はそちら方面の才能に欠けており、練習が苦痛でしかなかったのでした。

そういうわけで、**私には子ども時代に母から「自分の好きなもの」を押しつけられて、とても迷惑した、という経験があるのです。**

もし、母が英才教育のために「子どもに厳しく教えこむ」のではなく、自分自身がスポーツを楽しんでいるすがたを見せていれば、私もこんなに運動が嫌いにならず、少しは興味を持ったのではないかという気がしないでもありません。

なので、**息子には自分の価値観を押しつけるのではなく、さりげなく本の面白さを教えることができるといいなと思っていました。**

そして、たとえ息子が本を好きにならなくて、ほかのものに夢中になったとしても、その場合はそれを彼の個性として受け入れよう……と心に決めていたのです。

子育ての先輩たちからは「母親である自分はとても本好きなのに、うちの子はまったく本を読まないのよ」というような嘆き節を耳にすることもありました。

そんな話を聞いていたので、自分のところにも「本に興味のない子」が生まれてくる可能性はあるのだ……と覚悟していました。

## 子どもを本好きにする方法

ところが、こちらの覚悟とは裏腹に、生まれてきた息子はあっさりと「本好き」に育ったのでした。

**子どもを本好きにする方法として「親が読書をしているすがたを見せる」と「子どもが自由に本を選べる環境を作る」ということがよくいわれています。**

たしかに、このふたつはどちらも実践していました。

一日の限られた時間のなかで、子育てと仕事と家事をこなすために「食事作り」と「子どもとのふれあいの時間」を重ね合わせることにしたのと、おなじ方式です。

子育てに追われる毎日で、忙しいからといって、大好きな「読書」を我慢するのではなく、あえて「子どもとのふれあいの時間」に組みこんだのでした。

子どもと過ごす時間に、自分が読みたい本を読みます。

子どもとのお出かけの時間に、書店や図書館へ行きます。

幼児期の子どもは、とにかく「真似」が大好きです。

日本の古語では「学ぶ」は「まねぶ」であり、その言葉は「真似る」と「身につける」のどちらの意味でも使われていたそうです。

身近なひとの真似をすることは、子どもの成長に欠かせない行為なのでしょう。

私が楽しんで本を読んでいると、息子も「真似して」本を読むようになったのでした。

## 読み聞かせにおすすめの本

さて、ここで編集者さんから「たとえば、どんな本を読み聞かせていたのか、知りたいです」というリクエストがありましたので、少し紹介したいと思います。

よく読んでいたのは、日本の昔話や世界の民話などの絵本です。

自分が子ども時代に見ていたアニメに『まんが日本昔ばなし』という作品があり、それを絵本にしたものが講談社から出版されているのですが、出産祝いでいただいて、とても重宝しました。

この『まんが日本昔ばなし』の絵本シリーズは、ＣＤつきで、テレビ放送のときの「語り」もそのまま聴くことができるようになっているのです。

読み聞かせするのが面倒なときはそのＣＤを流しておけばいいと思ったのに、息子が「よんで！」と主張したので、そちらはあまり使いませんでしたが……。**子どもは物語を知りたいというだけでなく、やはり、読み聞かせの時間は「親との関わり」を求めているんだなと実感しました。**結局、私のほうがＣＤを楽しんでいたといいますか、市原悦子さんのナレーションや主題歌の「にんげんっていいな」を聴いて、懐かしさに浸っていたのでした。

有名な「ももたろう」や「つるのおんがえし」などの昔話は、いろんな画家の手によって、さまざまな構図で挿絵がつけられており、それらの絵本を読み比べるのも面白いものです。

子どもは「おなじ話を何度も繰り返して読んでもらいたがる」のですが、私は「おなじ話を何度も読むのは飽きる」ので、昔話や民話のように「大筋のストーリーはおなじだけれど、絵本としてはべつのもの」を読むことで、お互いに満足できるようにしていました。

**グリム童話やイソップ童話などの絵本も、いろんなバージョンで出版されていて、読み比べると興味深いです。**

**昔話や民話は長い年月にわたってひとびとに語り継がれてきた物語だけあって、繰り返しに堪えるものが多い気がします。**

福音館書店から出ている『三びきのやぎのがらがらどん』という絵本も、ノルウェーの昔話で、読み聞かせの定番になっています。

伝承をもとにした絵本には「普遍的な物語の構造」があるので、それを再確認することは、作家としても勉強になるだろうと考え、半ば研究する気持ちで読んでいたのでした。

## 自分が子どものころ好きだった絵本

自分が子ども時代に愛読していた絵本も、読み聞かせするのは楽しかったです。

私が「これ、お母さんが子どものとき、好きだったんだよー」と言うと、息子も興味を持っていました。

いわむらかずおの『14ひきのあさごはん』や『14ひきのおつきみ』（ともに童心社）など、ねずみの大家族が自然のなかで暮らしている様子を描いた絵本があり、日常生活のこまやかな描写がとても好きで、子どものころに飽きずに眺めていたものでした。

**その絵本を息子に読んであげるために図書館で探してみたところ、シリーズがつづいていたことを知り、自分が子どものときにはなかった新作を読むことができて、うれしかったのでした。**

それから、私は五味太郎が好きで、小学生のときには『言葉図鑑』（偕成社）や『ことわざ絵本』（岩崎書店）などをむさぼるように読んでいました。

**五味太郎の絵本は、大人になってから読んでも、やっぱり面白かったです。**出産祝いとして、五味太郎の『るるるるる』（偕成社）をいただいたのですが、息子にとってのファーストブックとなり、その後も数え切れないほど「よんで！」と言われて、読み聞かせのヘビーローテーションとなったのでした。

息子が自分で選んで、とても気に入っていた絵本に『ピーター・ラビットのおはなし』（福音館書店）があります。

ピーター・ラビットといえば、キャラクターグッズではおなじみで、お皿に描かれているのはよく目にしつつも、実は、原作を読んだことがなかったので、私も新鮮な気持ちで楽しめました。

ピーターはうさぎの男の子なのですが、近くの畑に入って野菜を盗み食いするいたずら好きで、ハラハラドキドキの冒険のお話となっているところが、息子の心をつかんだようです。この畑にある「れたす」や「はつかだいこん」などの野菜が文章でも挿絵でも、実に、おいしそうに描かれていて……。息子が野菜をぱくぱく食べるのは、この絵本の影響も大きいかもしれません。

**自分の好きなものを子どもと共有できると、子育ての楽しさは増えます。**

本という「共通の話題」のおかげで、息子とはいつも話が盛りあがるのです。

## 本から食べ物の興味へ広げる

あるとき、息子が図書館で借りた本を見せながら、興奮したように言いました。

「すっごく、いいほん、みつけたんだよ」

開いたページに載っているのは、たくさんの魚のイラストです。

その名も『さかなをたべる』(アリス館)という絵本。

いろんな種類の魚が紹介されているだけでなく、食べ方についてもくわしく解説されているところが息子の心をつかんだようでした。

鯛、鰯、鮪、鰹、鮎、鰺、鰻、鯖、秋刀魚、鮭、鰤、河豚……。

漢字で書かれた魚の名前に、息子は興味津々です。

二枚おろしや三枚おろしといったさばき方、焼いたり煮たりといった調理法など、大人が読んでも勉強になります。

「これで、おすしやさん、もっと、できる」

本を広げたまま、息子は折り紙やハサミや色鉛筆といった工作の材料を持ってきて、さっそくなにか作りはじめました。

「たまごのこと、なんていうか、しってる?」

息子が問題を出してきたので、私は首をかしげます。

「イクラ? 鮭の卵はイクラだけど」

「ちがう」

首を左右に振って、息子は言います。

「せいかいは、ぎょく」

「ああ、お寿司屋さんの言い方ね」

本を見ながら、息子はまた問題を出してきました。

「おちゃのことは、なんていうでしょう?」

「あがり、でしょ」

「せいかーい」

得意げな息子を見ながら、そういえば私も子どものころは特定の職業でしか使わない専門用語などを知ると、ちょっと大人になったような気がしてうれしかったものだなあ……と思い出します。

「きょうのごはん、おさかなにしよう！」

「いいよ。どんなお魚が食べたい？」

「ぼくね、これ、やってみたいの」

息子が指さしたのは、魚を三枚におろしているイラストでした。

「うーん、これは包丁をかなり上手に使えるひとじゃないとできないから、難しいと思うよ。お母さんにも無理だし」

「おかあさんも、できないの？」

「うん。魚のお料理は、あんまり得意じゃないからね」

**息子との関係において、私は自分の「欠点」や「苦手なこと」もあえて正直に話すことにしています。**

私の子ども時代には、父が魚嫌いだったので、刺身以外の魚が食卓にのぼることはほとんどありませんでした。なので、魚を食べ慣れておらず、自分で料理を作るようになってからも、苦手意識があるのです。献立のバリエーションを増やすために「今日は魚にしよう！」と気合を入れたときも、鮭やタラなどの切り身を買うことが多く、アジを三枚におろしてみようなんて考えたこともありませんでした。

「じゃあ、これは？」

つぎに息子が見せたページに載っていたのは、鰯の手開きという方法でした。

「ほうちょうは、つかわないよ」

手を使って、鰯の頭を取り、指でお腹を開いていくという、なんともワイルドなものです。

「これ、やってみたーい」

やる気満々でそんなことを言っていますが、息子にやらせてみて、途中で「おかあさーん、やっぱりできないー」と泣きつかれたら、どう考えても後の始末に困りそうです。

いくら「子どもをキッチンに入れよう！」と考えているとはいえ、それは私が「家事をやりつつ、子どもと楽しい時間を過ごすこと」が目的なのです。子どもがやりたい放題やったあとに、こちらが尻ぬぐいのために大変な思いをして、ストレスを感じるようなら本末転倒です。

チャレンジさせてあげたい気持ちはありつつ、私は言いました。

「きみがもうちょっと大きくなって、力も強くなって、自分でいろんなことができるようになったら、やってみたらいいと思うよ」

そうして、見つけたのが鮎のページです。

「これはどう?」

鮎の塩焼きを作ったあとに、骨を抜くという方法が載っていたのです。

尾びれを外して、身を箸でもみほぐし、頭を引っ張ると、骨がするりと抜けて、食べやすくなるらしいです。

これなら、生の魚を触るわけではないのですし、片づけるのも楽そうです。

「うん! これ、やりたい!」

さっそく、ふたりでスーパーマーケットの鮮魚コーナーへと向かいました。

季節はずれのせいか、鮎は養殖のものが1尾だけ入ったパックがふたつしかありませんでした。

我が家は3人家族なので、さすがに、鮎が2尾ではメインのおかずにはなりません。

ほかにいいものはないかと見まわして、ハタハタの一夜干しも買うことにしたのでした。

家に帰ると、息子はパックを開け、鮎に塩を振りました。

そして、フライパンにクッキングシートを敷いて、鮎を焼いていきます。

「ひのつよさ、これくらい？」

「もう少し弱火かな」

焼きあがった鮎を皿に盛りつけると、本で見たやり方に挑戦します。

尾びれや背びれなどを外したあと、頭を引っ張ると、するりと骨が抜ける……はずだったのですが、残念ながら、うまくはいきません。

「あつくて、できない」

鮎の頭の部分を手で引っ張ろうとして、息子は苦戦しています。

「焼きたてだからね」

「むずかしい」

しばらく挑戦してましたが、結局、鮎の骨は途中で折れてしまいました。

「そのまま、お箸で食べたら？」

「うん、そうする。おいしい！」

息子は箸で鮎の身をつまんで、ぱくりと食べたあと、はっとしたように顔をあげました。

「あっ、おとうさんのぶん……」

鮎が2尾しかないことの意味に、ようやく、気づいたようでした。

「だいじょうぶ。お父さんにはこっちのお魚があるから」

「よかったー」

「ハタハタも、食べてみる？」

「うん！」

鮎は好きな魚なのでよく食べていましたが、ハタハタはなじみがなく、こういう機会でもなければ買おうとは思わなかったでしょう。

「こっちのおさかなは、つるつるしてるね」

2種類の焼き魚を食べ比べて、息子は興味深そうに言いました。

ハタハタのほうが脂分が多く、それを「つるつる」と表現するのが、自分にはない言語センスなので、新鮮に感じます。

息子が器用に箸を使って、魚を食べているのを見て、私は感心せずにはいられませんでした。

「お魚を上手に食べることができて、すごいね」

「そんなん、ふつう。だれでも、たべれるよ」

「でも、お母さんが子どものころ、おじいちゃんは骨が面倒だからってお魚を全然食べなかったんだよ」

「おとな、なのに？　へんなのー」

**本を読むことで、息子の興味は広がり、食卓にも素敵な影響を与えてくれました。**

**もし、息子がいなければ、私はいつまでも自分の子ども時代の食習慣を引きずって、あまり魚を食べないままだったと思うのです。**

食のレパートリーが増えることも、子育てによって得られる豊かさなのかもしれません。

# 鮎の塩焼き

材料
・鮎　3尾
・塩　適量

1 鮎に塩を振って、しばらく置いておく。
2 フライパンにクッキングシートを敷いて、その上に鮎をのせ、ふたをして、中火で焼く。
3 焼き色がついたら、鮎をひっくり返す。両面がこんがりと焼けたら、完成。

お手伝いポイント

魚に塩を振ったり、クッキングシートをフライパンの大きさに合わせて切ったりする作業などを任せます。

うちでは、火の危険性を説明して、ひとりでは勝手に触らないと約束ができたので、息子が3歳くらいから「ガスコンロのスイッチを押して、火をつける」という経験もさせていました。

# 完璧を目指さない

## 金時にんじんのしりしり風

食についてのエッセイを連載しているものの、お読みの方はご存じのとおり、私は決して料理が得意なわけではありません。

むしろ、料理が「苦手」で「面倒」だと思うからこそ、いろいろと工夫をしたり、エッセイを書いたりして、モチベーションを上げて、取り組んでいるのです。

この本のレシピにしても、自慢できるような「おもてなし料理」はひとつもなく、手抜きっぷりをさらすことにより、家庭における日々の料理なんてこのレベルでいいんだな……と安心していただける仕様となっております。

## 「おせち料理」をどうするか？

そんな私にとって、日本の伝統的な食文化である「おせち料理」は手強《ごわ》い存在です。

息子が生まれてからというもの、年の瀬になると、心は千々に乱れます。

おせち料理、作ったほうがいいかしら……。でも、年末の忙しい時期に何品もこしらえるなんて、はっきり言って、面倒……。食育として、日本の伝統文化について教えるためにも、ちゃんと作ったほうがいいとは思うのだけれど……。そもそも、うちには重箱もないから、作るとしたら、まずはいろいろ買いそろえるところからはじめなくちゃいけなくて……。自分で作るのは大変だから、いっそ、通販とかで買っちゃおうかな……。けれど、おせち料理って、正直、どれも心惹かれないんだよね……。わざわざ高いお金を出して、おいしいとは思えないものを買うのもどうかと……。重箱入りのちゃんとしたおせち料理を買っても、量が多くて3人家族では食べきれないかもしれないし……。

子どもがいなかったころは、開き直っていました。

おせち料理なんて食べなくてもいい。

最近では年末年始でも開いている店があるのだから、料理を作り置きしておく必要もない。おせちにこだわらず、ふだんとおなじように、好きなものを買って、食べたいものを食べよう。そう思って、お正月を過ごしていました。

しかしながら、**親の立場になると、おせち料理を作らないということに対して、胸の奥がちくりとするのです。**

ある日の夕方。

息子はスーパーマーケットの売り場に設置されたモニターで流れている宣伝映像を見て、足を止めました。

宣伝映像は、たいてい、季節の行事にちなんだ食品を紹介しています。節分のころには豆や鰯、冬至には柚子やかぼちゃ、クリスマスにはローストチキンなど……。

そして、年の瀬の売り場では「おせち料理の由来」についての宣伝映像が流れていました。

「まって！」

息子の視線は、モニターの宣伝映像に釘づけです。

「これ、みたい」

息子が興味津々で見ているのは「どうしてお正月には数の子を食べるのか」ということを説明している映像でした。

モニターの前には、化粧箱入りの数の子がずらりと陳列されています。

数の子なんて、高価だし、下処理に手間はかかるし、そんなに量を食べることはできないし、3人暮らしの我が家には縁遠い食材です。

「そろそろ、行こうよ」

そう声をかけますが、息子はその場から動きません。

「まって！　これ、おわりまで、みるの！」

数の子は、にしんの卵で、子宝に恵まれて、代々栄えるという意味があり、子孫繁栄を願う縁起物なのです……といった説明を最後まで見終わると、息子はようやく納得したようで、歩き出しました。

私は内心で、息子が「ねえ、おかあさん、うちでも、おせちりょうり、つくろうよ！」と言い出したらどうしよう……と心配していたのです。

でも、息子は「おせち料理の由来」を知ることができると、それで満足したらしく、特に数の子をほしがることはなく、ほっとしました。

おせち料理はそんなふうに、私の心をかき乱すのです。

罪悪感というと大袈裟ですが、スーパーマーケットに行き、正月準備のための買い出しをしているひとたちを見ると、ああ、我が家もなにかしたほうが……と急き立てられるような気持ちになります。

そこで、苦しまぎれに黒豆を煮てみたりするものの、やはり、食べきれず、冷凍庫に入れたまま、すっかり忘れてしまったり……。

なので、今年もおせち料理はほとんど作らず、伊達巻や栗きんとんを買うくらいで、お茶を濁すことにしたのでした。

そんな我が家でも、お雑煮だけは作るようにしています。

**お雑煮さえ作っていれば、たとえ、おせち料理は出来合いのものでも、お正月らしさを味わえるような気がするのです。**

私は大阪生まれの大阪育ちなので、お雑煮は関西風で、使うのは白みそです。実家にいたころから、白みそ仕立てのお雑煮に、丸もちを入れて、食べていました。

具材は「祝だいこん」という細長い大根と「金時にんじん」という細長いにんじんを輪切りにしたものです。

ダンナは関東出身で、子どものころはすましのお雑煮を食べていたそうですが、大阪に来て、白みそのおいしさに感激して、いまではすっかり関西風の味つけに慣れ親しんでいます。

甘くてまろやかな白みそは、息子にとっても好みの味だったようで、お雑煮をぺろりと食べて、何度もおかわりをしていました。

「ちっちゃい、にんじん、かわいいね」

息子は特に金時にんじんを気に入ったようでした。

「角を立たせず、仲良く円満に暮らせますように、という願いをこめて、おもちも、お野菜も、ぜんぶ、まるくしてあるんだよ」

「あかくて、きれい。ぼく、これ、すき！」

よく売られている西洋にんじんはオレンジ色ですが、金時にんじんは赤っぽく、甘みが強いのが特徴です。

金時にんじんのキュートな見た目も、味も、名前の響きも、息子のツボにはまったようでした。

## 旬の食材で季節を感じる

お正月を過ぎても、息子に「食べたいものある？」ときくと、こう答えるようになりました。

「きんときにんじん！」

息子からのリクエストで、ふだんの料理にも金時にんじんを使ってみたところ、これがなかなかいい感じです。

甘みが強く、にんじん臭さのようなものもなくて、金時にんじんのきんぴらやポタージュスープは息子に大好評でした。

しかし、季節限定の食材なので、一月の終わりごろには売り場から消えてしまったのです。

「きんときにんじん、なくなっちゃったね」

「そうだね。また、来年だね」

「うん！　らいねんも、たのしみ！」

おせち料理を作らなくても、その時期ならではの伝統野菜を使うことで食文化に親しむことはできます。

自分のできる範囲で、また来年もお正月を迎えたいと思います。

# 金時にんじんのしりしり風

材料

・金時にんじん　1～2本
・ツナ缶（野菜スープ入り水煮）　1缶
・ごま油　大さじ1
・塩　ひとつまみ
・卵　1個
・白いりごま　適量

1 金時にんじんは洗って、皮つきのまま、ピーラーで薄くスライスにする。

2 フライパンにごま油を中火で熱して、金時にんじんを炒める。金時にんじんがしんなりしたら、ツナを汁ごと加え、卵を溶き入れて、塩を振る。

3 お好みで白いりごまを加え、火を止めて、皿に盛りつける。

お手伝いポイント

ピーラーで金時にんじんを鉛筆削りのように薄くスライスしてもらいます。金時にんじんの持っている部分が小さくなると危険なので、半分くらいでストップしていました。残りは包丁で切るか、べつの料理に使ってください。

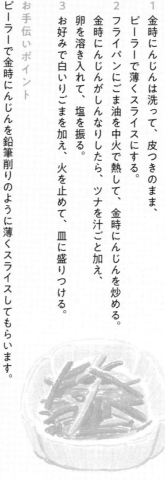

# ブロッコリーとコーンの卵炒め

## 成長のチャンスを見逃さないように

息子は、本が大好き。

私がレシピ本を見ていると、興味津々でのぞきこんできます。

子育てをしていると、なかなか読書の時間が取れないものです。

**そこで、私が行っていたのが「レシピ本の読み聞かせ」でした。**

絵本の読み聞かせでも、親が「きれいだね」とか「楽しそうだね」とか声をかけて、共感することで、子どもの情緒が育まれ、親子の絆が深くなるといわれています。

たとえば、子どもに人気の絵本に『くだもの』(福音館書店)という作品があります。

つやつやとしたさくらんぼが表紙で、ページをめくると、すいか、もも、みかんなど身近な果物が、本物そっくりの写実的な絵で描かれており、子どもたちが思わず手を伸ばして、食べる真似をするという絵本なのです。

レシピ本でも、子どもに語りかけることで、絵本のように読むことができます。

**料理の写真を見ながら、私が「おいしそうだね」と声をかけると、息子もうなずいたり、食べる真似をしたりと、絵本の読み聞かせと変わらない反応を見せ、気持ちが通じ合う感じで、楽しい読書タイムでした。**


幼稚園に入ると、息子は月刊絵本を幼稚園から持って帰ってくるようになりました。

月刊絵本には、その月ごとに旬の野菜を使った料理のページがあります。

息子は特にそのページがお気に入りでした。

「みてみて。ぶろっこりーが、きになってるんだよ」

それは、パーティーのために可愛く飾りつけた料理の載っているページでした。

ブロッコリーの小房を木に見立て、コーンの粒が花のように飾りつけられています。

その写真を見て、息子は目を輝かせていました。

「これ、つくりたい！」

わくわくした顔で、息子は言います。

「こーんと、ぶろっこりーのおりょうり、つくる！」

**息子のお手伝いは、最初のうちは、豆をさやからはずしたり、プチトマトのヘタを取ったり、野菜を洗ったりと、簡単なことばかりでした。**

**しかし、最近ではきゅうりを包丁で切ったり、卵を割ったりというような高度なこともできるようになっていたのです。**

それもあって、息子はどんどん、いろんなことに挑戦したいようでした。

「ぼくね、おりょうり、ひとりで、つくれるよ！」

え？　ひとりで？

自信満々の口調でそう言った息子に、こちらは戸惑ってしまいます。

ひとりで料理を作るなんて、それはさすがに……。

しかし、息子はやる気に満ちあふれています。

「おかあさん、なんにも、しなくていいよ」

息子は胸をそらして、言いました。

「ぼくが、ぜんぶ、つくるから！」

いったい、その自信はどこから来るのか……。

私の不安をよそに、息子は自分ひとりで料理を作ると断言するのでした。

## 意欲のあるときが成長のチャンス

本人が料理の工程をすべてひとりで行うつもりでも、実際のところはそういうわけにはいきません。

まだまだできないことも多く、こちらがうまく段取りしなければならないので、余計に手間がかかってしまうことは明白です。

お手伝いなら、こちらが「できる」と判断した上で、息子に仕事を割り振ります。それゆえ、ある程度、行動の予測も立ち、後始末にもそんなに困ることはありませんでした。

しかし、いくら、いつも料理のお手伝いをしていようと、それはあくまで「お手伝い」なのです。

私が見たところ、息子はまだ、ひとりで料理ができるレベルには達していませんでした。

なにもせずに見守るのは忍耐力が必要で、かえってストレスがたまりそう……。そんな思いはありつつも、いま、息子が意欲に燃えているこのときこそ、逃してはいけないチャンスなのでしょう。

**心のなかで「私の面倒な気持ち」と「息子の成長の機会」を天秤にかけてみて、今回は余裕があったので、挑戦させることにしました。**

「いいよ。それじゃ、ひとりで作ってみる？」

## ひとりでやり切らせるための声かけ

**このころ、息子が使っていたのは、果物用の小さなナイフでした。**

最初はバナナやふかしたさつまいもなど、やわらかいもので、切る練習をしていました。切るといっても、本当に刃を使って切断する必要のある食材は使わず、動きを真似しているようなものだったので、果物用のナイフで事足りていたのです。

息子が「作りたい」と言った料理には、ブロッコリーが使われています。ブロッコリーは横に寝かせたときに安定しているとは言いがたい形状をしており、切りにくそうです。

なるべく、口を出さずにいるつもりでしたが……。息子がブロッコリーを切っている横で、私は思わず声をかけます。

「左は猫の手だよ！」

包丁を持っているのと反対のほうの手は、指を曲げて猫の手のようにすると教えていたのですが、息子は親指を出していたので、もう少しで切ってしまいそうでした。危なっかしくて、冷や汗が伝います。

ブロッコリーの太い軸の部分を切ろうとして、息子は力任せに、ナイフを動かしていました。果物用のナイフは細く、刃に高さがないので、使いにくそうです。

このときの経験から、やっぱり、ちゃんとした子ども用の包丁を使ったほうがいいな……と思って、後日、購入したのでした。

材料を切り終わると、息子はコーンの缶詰を取り出しました。

「たまごも、いれよう！」

コーンの缶詰を開けたあと、息子はそう言って、冷蔵庫に向かいます。

「おなじ、きいろ、だから」

自由な発想で、料理はどんどん、レシピから離れていきます。

息子は踏み台を用意して、コンロの前に立ちました。

ガスコンロのスイッチを押して、火をつけるところを「お手伝い」させたことはあるものの、ひとりで炒める作業をするのは、はじめてのことです。

うっかりフライパンに触ったりして火傷でもしないかと、こちらは心配しながら見ているのですが、本人はいたって楽しそうでした。

「ぼくね、ずっと、たまごやき、つくってみたかったんだ！」

溶き卵をフライパンに流し入れたあと、息子はうれしそうに言います。

**これまで、息子に任せられていたお手伝いは「卵の殻を割る」ところだけでした。**

そのあとはいつも私が卵を焼いていたのですが、それを見ながら、自分でもやってみたいと憧れていたのでしょう。

菜箸で混ぜたあと、フライパンをのぞきこんで、息子は少しがっかりしたような顔になりました。

「ぐちゃぐちゃになっちゃった……」

息子のイメージでは、きっと、くるくると巻かれた卵焼きができているつもりだったのだと思います。しかし、かき混ぜながら炒めたので、そこにあったのはスクランブルエッグのようなものでした。

コーンとブロッコリーを投入して、引きつづき炒めていきます。

「はあ、つかれてきた」

だるそうに腕を動かして、息子は言います。

「おりょうりって、つかれるんだね」

最初のやる気はどこへやら、集中力が途切れたようで、菜箸を持つ手の動きは雑になり、フライパンからコーンがこぼれていました。思いつきで入れた卵は焦げつき、フライパンにこびりついています。

「もう少しで、完成だよ」

私はそんなふうに声をかけます。

「さあ、最後にお醬油を入れて、味つけしよう」

料理ができあがると、息子は盛りつけも自分で行いました。

「しゃしん、とって！　しゃしん！」

自分ひとりで作った料理の皿を手にして、息子は満面の笑みを見せます。

「こーんと、ぶろっこりーの、いため、です。たまごも、はいってます」

説明をしている息子のすがたを、ぱしゃりと写真に収めます。

月刊絵本にあった写真とは似ても似つかぬ料理となりましたが、本人としては大成功のようでした。

「ぼく、きょう、ごはん、つくってあげたよ！」

息子は目をキラキラさせて、私を見あげます。

そして、問いかけてきました。

「たすかった？」

ようやくできあがった料理を前に、私はどっと疲れを感じていました。

息子のおぼつかない手つきをひやひやしながら見守るというのは精神的な疲労がとても大きく、夕飯の準備にいつもの倍近くの時間がかかっていました。

フライパンは焦げつき、コンロは汚れまくりで、二度手間という言葉が頭をよぎりますが、もちろん、こう答えるしかありません。

「うん、とっても！　すごく助かったよ！」

# ブロッコリーとコーンの卵炒め

材料

・ブロッコリー　1株
・ホールコーン缶　1缶
・卵　1個
・塩・こしょう　適量
・オリーブオイル　大さじ1
・醬油　大さじ1

1 ブロッコリーは小房に分け、さっと茹でておく。
2 フライパンにオリーブオイルを熱して、溶き卵を炒める。
3 ブロッコリーとコーンを入れ、塩とこしょうを振り、最後に醬油で味つけして完成。

お手伝いポイント

はじめて子どもに「卵の殻を割る」お手伝いをさせるときには、殻が砕けて入ったときのために、ボウルにザルを入れておくと、殻が取り出しやすいです。

# 子どもの自信につながる料理体験

## 誕生日のスペシャルケーキ

「おたんじょうびに、じぶんで、けーき、つくりたい！」

誕生日を迎えるにあたって、息子はそんなことを言い出しました。

先日、ひとりで料理を完成させたことにより、自信を得たらしく、もっと挑戦したくなったようです。

手作りケーキ？

思わず、私はひるみます。

お菓子のなかでも、ケーキ作りはかなり上級者向けではないでしょうか。

私は大人になってからようやく「クッキーを焼いてみた」というレベルのお菓子作り初心者なのです。ほかに作ったことのあるお菓子といえば、ゼラチンを溶かしてジュースを冷やし固めただけの手作りゼリーや、湯せんで溶かしたあとふたたび冷やし固めただけの手作りチョコレートくらい……。

ふわふわのスポンジを焼いて、生クリームでデコレーションするなんて、成功できる気がしません。

しかも、息子はケーキを「自分で作りたい」と言うのです。

ただでさえ自信のないケーキ作りなのに、息子に教えながら、もたもたと作業していれば、ろくな仕上がりにならない可能性が大で……。

そんな不安を感じながらも、わくわくと目を輝かせている息子に「ダメ」と言うことなどできるわけありません。

**誕生日は一年に一度の特別な日です。**

**本人の希望を叶えてあげるのが、なによりのプレゼントでしょう。**

「わかった。いいよ。ケーキを作ろう！」

## はじめてでも作れるケーキ

家族3人暮らしでは、バースデーケーキをホールで注文しても、食べきれません。これまでの誕生日には、カットされたケーキを3つ、買っていました。

息子のケーキにはロウソクを立てたりはしていたものの、やはり、誕生日ならではの特別感はなかったのかもしれません。

「どんなケーキを作りたいの?」

私の質問に、息子は張り切って答えます。

「おおきくて、まるごとで、くりーむがかかっていて、とっぴんぐのある、すぺしゃるなけーきをつくるの!」

息子の頭のなかには、どんなに素敵なケーキが思い浮かんでいるのか……。

夢見るようなまなざしで理想のバースデーケーキについて語る息子を前にして、こちらは頭を抱えます。

いや、きみが想像しているようなケーキを作るのは、とっても難しいんだよ……。

息子が期待に胸をふくらませていればいるほど、ケーキが失敗したときに受けるダメージは大きいでしょう。

ぺしゃんこにつぶれたスポンジを見て、しょんぼりしている息子……。

そのすがたを想像するだけで、いたたまれない気持ちになります。

うちには小麦粉をふるう器具もなければ、円形のケーキ型もありません。ハンドミキサーも、計量器も、ケーキクーラーもなくて……。まずは道具をそろえるところからはじめなければならず、息子と作る前に予行練習としてひとりでスポンジを焼く特訓をしておいたほうがいいかもしれないとか考えると、手作りケーキへの道は果てしなく遠くて……。

そのとき、ふと、思いついたものがありました。

いつか、絵本で見たホットケーキ。

子どものころ、私は『ちびくろ・さんぼ』という絵本に出てくるホットケーキが積み重なった絵のページが大好きで、よく眺めていたのです。

大きくて、まるくて、特別なケーキというものは、なにもスポンジを焼かなくても、フライパンを使って作れるかもしれません。

ホットケーキなら失敗することもないでしょう。

それを何枚も重ねていけば、特別感のあるケーキになりそうです。

それから、**もうひとつ、素晴らしいものの存在を知りました。**

**スプレー缶入りのホイップクリームです。**

これは日本ではあまり普及していないようですが、欧米ではわりとポピュラーなものらしく、輸入食品を扱っているお店で売られていました。

細長いスプレー缶に乳脂肪分たっぷりの液体が入っていて、ボタンを押すだけで、ふんわりしたホイップクリームとなって、ノズルから出てくるのです。


そして、息子の誕生日。

いっしょに買い物に行って、ケーキの材料を買いそろえます。

「トッピングはなにがいい?」

「くりーむと、ばなな!」

せっかくの誕生日なので、ここは奮発して、いつものバナナではなく、高級なバナナを買ってみました。

家に帰ってから、私はひたすら、ホットケーキを焼きます。

息子は自分の包丁を使って、バナナを好きなかたちに切っていきます。熟してから収穫したというバナナは、皮に黒い斑点が浮いて、濃厚な甘い香りが漂っていました。ホットケーキを1枚、皿に置くと、息子は輪切りになったバナナを並べます。そこに、もう1枚、粗熱が取れたホットケーキを重ねて、またバナナを並べます。そして、最後に、もう1枚。

一番上のホットケーキは、クリームで飾りつけます。スプレー缶入りのホイップクリームを渡して、使い方を説明すると、息子はさっそく自分でやってみました。かしゃかしゃと缶を振って、ボタンを押せば、ぶしゅーっと勢いよくホイップクリームが出てきて、大喜びです。

「おもしろーい！」

きちんと泡立てた生クリームとはちがって、スプレー缶から出たホイップクリームはあまり長持ちはしませんが、すぐに食べるのなら問題ありません。

息子は夢中になって、ホイップクリームでケーキをデコレーションしていました。

「すごーい！　すぺしゃるなけーきだ！」

できあがったケーキを前に、息子は満足げな顔です。

私はそのすがたを、ぱしゃりと写真に撮りました。

世界にひとつだけのバースデーケーキ。

息子が夢見ていたケーキにどれだけ近づけたかはわからないけれど、楽しい誕生日の思い出になっていたらいいな……と願うのでした。

# 誕生日ケーキ

材料

・牛乳　1／2カップ
・卵　2個
・砂糖　大さじ5
・塩　ひとつまみ
・地粉（国産の小麦粉）　2カップ
・バター　適量
・バナナ　2本
・スプレー缶入りのホイップクリーム　1本

1　卵白は砂糖を加えて泡立て、溶かしバター（白ごま油やココナッツオイルでも代用できます）と卵黄と牛乳を混ぜておく。そこに小麦粉と塩を加え、さっくりと混ぜる。
2　予熱したフライパンにバターを溶かして、生地を流し入れ、ぷつぷつと穴があいてきたら、裏返して、きつね色になるまで焼く。
3　粗熱が取れたら、バナナやホイップクリームで飾りつけをする。

お手伝いポイント
バナナの皮をむく、という作業は、かなり年齢が低いころからできるお手伝いだと思います。

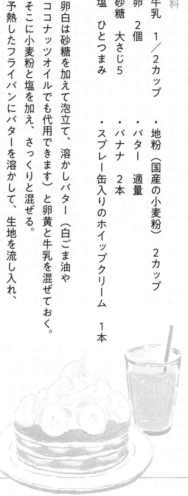

# お金では手に入らない喜び

## マグロのステーキ丼

担当編集者さんから「子育て中にダンナさんにイライラする、というひとが多いです。藤野さんがどのようなスタンスにされているのか読みたいです」というリクエストがありました。

なので、今回はこの連載において「影が薄い存在」である「息子の父親」について書きます。

以前、年上の女性と話していたのですが、そのひとは女性3人でルームシェアしているのですね。それで、3人とも仕事もできるし、家事もできるし、気遣いもできる女性なので、急な出張が入ったときも冷蔵庫に買い置きしてあった食材をほかのメンバーが無駄なく使ってくれて助かった……というエピソードを語っていました。

そして、その会話から、私は「ダンナだとこうはいかないでしょう」というようなニュアンスを感じ取ったのでした。

たしかに、その世代においては、女性とおなじくらいの家事スキルを持つ男性を見つけることは難しく、結婚をするよりも女性3人で暮らすほうがよほど負担が少なく済むのかもしれません。

ただ、私がダンナとの暮らしで求めているのも、そういう感じだな……と思ったのでした。

私が仕事で忙しくて手がまわらないときには、フォローしてもらえると助かります。逆に、ダンナが苦手なところは、私がフォローします。

**既存の「夫婦」という役割に縛られることなく、お互いに「男だから」「女だから」「妻だから」「夫だから」という決めつけをすることなく、できることをして、心地よく過ごすために共同生活を行うことを心がけているのです。**

具体的な例としては、私は寝起きが悪いので「朝食作り」はダンナの担当、ダンナは会社勤めで帰りが遅いので「夕食作り」は私の担当です。

ダンナが「風呂掃除」をしてくれるので、私は「トイレ掃除」を担当するなど、**なるべく「公平」にして、一方に負担が偏らないようにしています。**

なので、もし、ダンナと私が同性同士だったとしても、こんなふうに暮らしているだろうな……というような毎日なのです。

## 性差関係なく生きる

子どものころ、私の父は「だれが食わしてやっていると思ってるんだ！」という発言をしたり、男尊女卑の考え方を押しつけてきたりして、すごく嫌だったのでした。多感な時期に、揉めてばかりいる両親を目の当たりにして、私は心底うんざりしており、本気で「さっさと離婚すればいいのに」と思っていたのですが、専業主婦だった母は経済的理由から離婚に踏み切れないようでした。

そんな経験から、**夫婦や家族というかたちに憧れを持てず、基本的には「自分で稼いで、好きなように生きていこう」と考えていたわけです。**

だれかの「同居人」として暮らしていくことはできても、いわゆる「家族」を作ることは自分には無理だろうと思っていました。

まっとうに子育てをできる自信なんて、微塵もなかったのです。

結婚するにあたって、私は「子どもを作るつもりはありません」と話しており、相手もそれを了承していました。

それが、夫婦ふたりの生活を何年も送ったあと、私が意を翻して、急に「やっぱり、子どもがほしい」と言い出したので、ダンナとしては青天の霹靂《へきれき》というか、その件についてはビジョンを持っておらず、こちらに一任するかたちとなったのでした。

## 育児でマネージメント能力を活用する

そういうわけで、息子育成プロジェクトにおいて、リーダーは私です。

結婚生活については「共同経営」という感じですが、子育てについてはプロジェクトの発起人である私が「責任」と「権限」を持っているのです。

家事や生活費を公平に分担することはできても、妊娠や出産を男性に担当させることはできません。

もし、子育てを「負担」だと感じていれば、女性である自分のほうに「やらねばならないこと」が多く、夫婦なのに「不公平」だと思うかもしれません。しかし、私は義務感から子どもを作ったわけではなく、**自分で「望んでやっていること」なので、リーダーとして責務が増えることを甘んじて受け入れたのでした。**

つまり、基本的には「私が育てる」と覚悟を決めており、ダンナに対しては「主導権を握っている自分ほど子育てにコミットすることを期待しない」というスタンスでいるわけです。

たとえば「ふたりの子どもなのだから、ふたりで育てるのが当然」と考えているのに、ダンナが子育ての「半分」を担当してくれないと、不満が募って、イライラするのかもしれません。その点、私は最初から「生物学的な性差というものがあるし、ダンナは自分より息子と接することができる時間も少ないし、子育てのモチベーションやスキルが低いのは仕方ない」と割り切っているのです。

もちろん、男性でも子育てに向いているひとはいるので、父親が主として子どもの面倒を見たり、母親と父親がイーブンで子育てをしたりする家庭もあるでしょう。ただ、うちの場合はそうではない、という話です。

ご愛読ありがとうございます。

# 読者カード

●ご購入作品名

[　　　　　　　　　　　　　　　　　　　　　　　　　　　　]

●この本をどこでお知りになりましたか？

1. 書店（書店名　　　　　　　　　　　　　）　2. 新聞広告
3. ネット広告　4. その他（　　　　　　　　　）

年齢　　歳　　　性別　男・女

ご職業　1.学生（大・高・中・小・その他）　2.会社員　3.公務員
4.教員　5.会社経営　6.自営業　7.主婦　8.その他（　　）

●ご意見、ご感想などありましたら、是非お聞かせください。

……………………………………………………………………

……………………………………………………………………

……………………………………………………………………

……………………………………………………………………

……………………………………………………………………

……………………………………………………………………

……………………………………………………………………

……………………………………………………………………

●ご感想を広告等、書籍のPRに使わせていただいてもよろしいですか？

（実名で可・匿名で可・不可）

●このハガキに記載していただいたあなたの個人情報（住所・氏名・電話番号・メールアドレスなど）宛に、今後ポプラ社がご案内やアンケートのお願いをお送りさせていただいてよろしいでしょうか。なお、ご記入がない場合は「いいえ」と判断させていただきます。

（はい・いいえ）

**本ハガキで取得させていただきますお客様の個人情報は、以下のガイドラインに基づいて、厳重に取り扱います。**

1. お客様より収集させていただいた個人情報は、よりよい出版物、製品、サービスをつくるために編集の参考にさせていただきます。
2. お客様より収集させていただいた個人情報は、厳重に管理いたします。
3. お客様より収集させていただいた個人情報は、お客様の承諾を得た範囲を超えて使用いたしません。
4. お客様より収集させていただいた個人情報は、お客様の許可なく当社、当社関連会社以外の第三者に開示することはありません。
5. お客様から収集させていただいた情報を統計化した情報（購読者の平均年齢など）を第三者に開示することがあります。
6. はがきは、集計後速やかに断裁し、6か月を超えて保有することはありません。

●ご協力ありがとうございました。

郵便はがき

おそれいりますが切手をおはりください。

1 0 2 - 8 5 1 9

〈受取人〉

東京都千代田区麹町4—2—6 9F

株式会社 ポプラ社

一般書編集部 行

お名前 (フリガナ)

ご住所 〒

TEL

e-mail

ご記入日 年 月 日

たしかに、私が子育てにかけている時間や労力はダンナに比べると圧倒的に多くて大変ですが、その分、子育てから「喜び」や「幸せ」も多く得ることができます。

それに、**リーダーだからといって、自分でなんでもこなすわけではありません。むしろ、リーダーは疲弊するべきではないと思うので、ワンオペ育児に陥ることなく、チームでプロジェクトをまわせるように、うまくダンナという人材を活用する必要があるのです。**

そこで求められるのは、マネジメント能力だと感じています。

**優秀なリーダーというものは、偉そうに命令するのではなく、メンバーと円滑にコミュニケーションを図り、相手が思うように動かなくてもイライラせず、必要な情報を与え、モチベーションを高め、目標を達成するものだそうです。**私もその境地を目指して、ダンナの適性を考え、育児で必要なタスクのうち、私が「やってほしいこと」を伝えて、ともに達成感を得られるように心がけています。

ドラッカーの『マネジメント』(ダイヤモンド社)を参考にして考えると、育児における目標を定め、優先順位を決め、基準を示し、メンバーの強みと弱みを理解して、適した仕事を任せるのです。

こうして書いてみると、今回のエッセイの文体はどうにもビジネスライクで、情緒というものがありませんね……。

あまりに味気ない文章となってしまって、作家としてどうかと思うので、心の機微を感じさせるエピソードも書きたいと思います。


志賀直哉に『小僧の神様』という作品があります。

丁稚の小僧が、寿司屋に入ったものの、お金が足りなくて一貫のマグロの握りすら食べることができず、店を飛び出していきます。それを目撃していた貴族院議員の善意によって、後日、小僧は腹いっぱい寿司を食べることができた、という話です。

それから、岡本かの子に『鮨』という作品があります。

寿司屋の看板娘が、常連客の紳士から「寿司を食べることは心の慰み」だという話を聞かされます。紳士は、子ども時代に偏食でものをうまく食べることができず、おかしな子として扱われていたが、ある日、母が寿司を握ってくれて、それを直に手でつかんで食べたことをきっかけに、食事ができるようになり、身体も見違えるほど健康になった……という出来事があり、寿司を食べると懐かしさを感じるのでした。

これらの作品を愛読していたので、私のなかでは「寿司」と「幸福の情景」というものが結びついているのです。

そして、ダンナはたまに寿司を握ってくれます。

べつに寿司職人というわけではなくただの会社員なので、素人が握る寿司であり、まさに岡本かの子の『鮨』に出てくる母親が握った寿司とおなじように、大きさがちがっていたり、不格好だったりするのですが、それが余計においしいような気がするのです。

私があんまり喜ぶものだから、その様子を見ている息子には「寿司を握るのはいいことだ」とインプットされたようなのでした。

以降、よく「お寿司屋さんごっこ」をして遊んでいます。

息子を連れて、ダンナの実家に帰省したときのこと。

とても素敵なおもちゃが用意されていました。

粘土のお寿司屋さんセットです。

赤や白や黄色のカラフルな小麦粘土に、押し型やローラーがついていて、本物そっくりのお寿司を作ることができるのです。

粘土のほかには、紙製の小皿や湯呑みといった小道具に、お品書きやお寿司屋さんの帽子まで入っていました。

粘土遊びが大好きな息子は、もう大喜びです。

「いらっしゃいませ〜」

すっかりお寿司屋さんになりきって、祖父母に声をかけていました。

「こねこねすしです!」

粘土をこねながら、そんなことを言って、マグロやエビそっくりに作っていきます。

「ごちゅうもんは、なんですか?」

たくさんの寿司を粘土で作って、祖父母にごちそうして、息子は満足そうでした。

## 子どもの「好き」を広げる

その後、幼稚園で行われた誕生日会では「将来の夢は?」という質問に、息子は「おすしやさんです!」と答えていました。

そんな息子なのですが、実は、寿司屋に行ったことはないのです。なにしろ、刺身が食べられないので……。

以前、手巻き寿司をしたときに、刺身を用意してみたのですが、息子はマグロを口食べて、困ったような顔をしていました。

「なまの、おさかなは、ちょっと……」

焼き魚はたくさん食べるのですが、刺身は苦手のようです。

手巻き寿司では、ツナマヨや卵焼きや高野豆腐を食べていました。

まだ胃腸の発達が未熟な子どもに生ものを与えるのは不安もあるので、こちらも積極的に食べさせようとは思いません。

なので、我が家でお寿司となると、おいなりさんか、ちらし寿司の場合が多いのです。私がダンナに寿司を握ってもらうときも、息子用にはマグロを焼いて、マグロステーキ丼にしているのでした。

**寿司職人がどんなものなのかという参考に、息子には『二郎は鮨の夢を見る』というドキュメンタリー映画を見せてみました。**

この映画は、アメリカ人の監督が銀座にある「すきやばし次郎」という高級寿司店を取材したものなのですが、寿司を握るシーンだけでなく、ひたすら海苔をあぶっていたり、市場でのセリの様子などもあったりして、寿司職人の世界が興味深く描かれています。

私は若かりしころに、この「すきやばし次郎」の店主の仕事ぶりについて書かれた本を手に入れて、楽しく読み、いつか食べに行ってみたいものだなあ……と思いつつ、いまだ果たせていないのでした。

息子は熱心に映画を見ていました。

そして、私が「今日の夕飯、どうしよう？」と言えば、元気な声で「おすし！」と答えたのでした。

「じゃあ、手巻き寿司にする？」

ふたりで買い物に行き、手巻き寿司の材料をそろえます。

コーンの缶詰と納豆と高野豆腐ときゅうり……などと買い物かごに入れていると、息子は言いました。

「まぐろ、ほしい！　かって！」

「うーん、でも、きみ、生のお魚、食べないでしょう?」

今日はそんなにマグロの気分じゃなかったので、私も納豆巻きでいいかな、と思っていたのでした。

「ツナ缶でいいんじゃない?」

「ぼく、おすし、つくりたい! つくってあげる!」

どうやら、息子は自分では食べないけれど、どうしても握り寿司を作りたいようなのです。

「おすしやさん、するの!」

「手巻きじゃなく、握る、ってこと?」

「うん!」

魚売り場には、刺身の切れ端がパックに入って、売っていました。

サーモンや白身魚など、いろんな種類の刺身が少しずつ入っていて、お手ごろな値段です。

高級な本マグロを息子に握らせるのは、ちょっともったいない気もするので、その刺身の切れ端を使ってもらうことにしたのでした。

## 息子のお寿司屋さん

家に帰ると、息子のお寿司屋さんの開店です。

酢飯を作り、ボウルに水を張り、刺身の切れ端を並べて、小皿には醬油を入れます。水を両手になじませると、息子は片手で酢飯をつかみ、もう一方の手でサーモンの刺身を取って、二本の指で、きゅっと押さえました。

いっちょまえの手つきで、それなりにうまくできています。

できあがった握りは、きちんとかたちになっていました。

「はい、どうぞ」

息子が皿に置いてくれた握りを、私も手でつかみ、醬油をちょいとつけて、ぱくりと食べます。

口のなかで、ほどよくシャリがほぐれ、驚くほどのおいしさでした。

もちろん、親の贔屓目《ひいき》といいますか、息子が自分のために握ってくれた……という特別な感情による部分が大きいのだとは思いますが、それでも、これまでに食べた高級店の寿司と比べても負けないくらい、素晴らしい味わいだったのです。

「おいしい！」

私が声をあげると、息子は満面の笑みで、また、寿司を握ってくれます。

「はい、どうぞ」

「ありがとう」

**子どもは、大人の真似をしたがるものです。**

**そして、子どもは「父親の母親に対する態度」もよく見ているのです。**

私に寿司を握るダンナを見て、息子はおなじようにしたいと思ったのでしょう。

**寿司を握るという行為だけでなく、それによって「大切なひとを喜ばせたい」という気持ちも、息子にとっての「お手本」となっていたのです。**

「どんどん、たべてね」

息子の手から生まれる、小さな握り寿司。

一口サイズで、ころんと可愛くて、てまり寿司のようなすがたに、思わず笑みがこぼれます。

私がひとつ食べるごとに、息子はつぎからつぎへと握ってくれます。

「もう、お母さんはいいよ。自分でも食べて」

「いいの、いいの」

息子はまた、酢飯に手を伸ばしました。

「ぼく、つくりたいの」

そう言って、寿司を握って、私に差し出します。

「おかあさんに、たべて、ほしいんだよ」

その言葉に、私は胸が熱くなり、鼻の奥がつんとして、泣きそうになりました。

**子育てをするようになって、私は「与える喜び」を知りました。**

**ずっと自己中心的な生き方をしていたのですが、息子に食べさせる料理を作ること**
**に、しみじみと「幸せ」を感じるようになったのです。**

そして、いま私のために寿司を握る息子が感じているのも、おなじく「与える喜び」

なのでしょう。

どんなにお金を出しても買うことはできないであろう、贅沢な味わいが、そこには
あったのでした。

# マグロのステーキ丼

材料
・刺身用マグロ　1パック
・醤油　大さじ2
・酒　大さじ1
・みりん　大さじ1
・白ごま　大さじ4
・ごま油　大さじ2
・ご飯　適量
・海苔　適量

1 マグロを醤油と酒とみりんのたれに一晩ほど漬けておく。
2 フライパンにごま油を熱して、白ごまをまぶしたマグロを入れ、強火でさっと焼き、焦げ目がついたら、ひっくり返す。
3 焼きあがったマグロを切り、熱々のご飯にのせて、細く切った海苔を散らす。

お手伝いポイント
白ごまを大さじですくって、マグロにまぶしてもらいます。
海苔をハサミで細く切る作業も、息子は好きでした。

# 3

# スーパーで
# 社会との
# 関わりを学ぶ

# 買い物で学ぶ社会のしくみ

## ごほうびフルーツパフェ

以前「おいなりさん」についてのエッセイでは、シールやスタンプなどの外発的動機づけでお手伝いをさせることに、疑問を持っているような書き方をしました。

しかし、私は決して、ごほうびなどの報酬による外発的動機づけをすべて否定しているわけではないのです。

ごほうびは、有効な手段です。

私も、やる気が起きない作業をするときなどは「これが終わったら、ごほうびにクッキーを食べていいことにしよう」などと決め、にんじんをぶら下げて自分を走らせるようなことをします。

たとえば、汚れがたまった場所の掃除などは、気が重く、やる気が出ませんよね。

換気扇の油汚れを落とす作業が大好きだったり、床をぞうきんでピカピカに磨きあげることに喜びを見出したりしているひとならば、内発的動機づけによって掃除をしようという気持ちになるのかもしれませんが、残念ながら私はそうではないので……。**やらねばならないことをやるために、内発的動機づけがなくても、ごほうびでモチベーションを高めて、自分を操ることもときには必要でしょう。**

ただ、私の考える「お手伝い」は、息子の内側から湧いてくる「やる気」によって行われるものであってほしいな、という気持ちがあるのでした。

子どもはシールやスタンプを集めるのが好きです。

心理学用語に「トークンエコノミー法」というものがあります。

子どもが一定の課題を行ったときに、あらかじめ約束した条件に従って、報酬を与えることで、望ましい行動を強化していく……。そのような方法が教育支援における行動療法として確立されているのです。

**シールやスタンプが増えていくと、達成感が得られます。**

私は親子関係においては、その手段を使おうとは思いませんが、効果的であることは事実です。

そして、この手法が使われるのは、教育の場だけとは限りません。リピーター客を目当てとした「お店のポイントカード」なども、そのような心理を利用しているのです。

## スーパーマーケットでコミュニケーションを学ぶ

近所のスーパーマーケットでは、子どもといっしょに行くとカードにスタンプを押してくれて、10個たまると100円の買い物券として使えるというサービスをしています。

息子が私といっしょに食材の買い出しに行きたがるのは、そのスタンプカードが楽しみだという理由もあるようです。

「はい、これ、よろしくね」

レジで会計を済ませたあと、私はレシートとスタンプカードを息子に渡しました。

「うん！」

息子はそれを持って、サービスカウンターへと向かいます。

「すみませーん。すたんぷ、おねがいしまーす」

私が買ったものを袋に詰めているあいだに、息子はサービスカウンターで、スタンプを押してもらうのです。

最初のころは、もじもじして、ひとりでサービスカウンターのところまでは行くものの、なかなか、店員さんに声をかけることができませんでした。

しかし、いまでは慣れたものです。サービスカウンターが混み合っていたり、店員さんが手が離せないようだったりすると、少し待って、タイミングを見計らって声をかけることができるようになりました。

**見知らぬ大人である店員さんに声をかける勇気。そして、サービスカウンターにほかのお客さんがいるときには順番を待つという配慮など……。**

**大人にしてみれば当たり前のようなことでも、実際にやってみて「できた！」という経験を重ねることが、自信につながるようです。**

「いち、に、さん……」

息子はカードに押されたスタンプを数えながら、私のところに戻ってきました。

「あと、みっつだ！」

すべてスタンプがたまったら、息子の好きなものを買っていいことになっています。

いったい、なにを買うつもりなのでしょう。

興味深く思っていたところ、カードの最後の空欄にスタンプが押される日がやってきました。

## 消費税を教える

スタンプのたまったカードを持って、息子は店内を歩きまわります。

きょろきょろしながら、商品の並んでいる棚を見ては、なにを買おうかと考えています。

「100円のもの、どれかな」

スタンプカードは100円のお買い物券として使えるので、息子はぴったりの金額のものを探しているようでした。

「これは？　100円って、かいてあるよ」

息子が指さした値札に、私は首を横に振ります。

「ああ、残念だね。これ、100円だけど、消費税がつくから、正確には108円になるんだよ」

当時、消費税は8%だったので、私はそう説明しました。

「しょうひぜい？」

「そう。ものを買うときには、消費税っていう税金も支払わないといけないの」

「なんで？」

「国は税金を集めて、そのお金で、道路を作ったり、図書館の本を買ったり、みんなが学校で勉強できるようにしたりしているんだよ」

「ふーん」

「ここに書いてある数字は税抜き価格で、税金が入ってない値段のこと」

値札を示しながら、私は言います。

「それで、こっちに書いてある数字が税込み価格で、レジで支払わなきゃいけない値段なんだよ」

**税金のことなんて5歳児にどれだけ理解できるかはわかりませんが、ちょうどいい**

機会なので、そんなふうに説明してみました。

「じゃあ、100円より、もっとすくないおかねのものをえらばないと！」

そうして、息子はいろんな売り場をくまなく見て、ついに、買う物を決めたのでした。

「これにする！」

息子が選んだのは、フルーツミックスの缶詰でした。

本日の特売品で、本体価格89円。

税込みでも95円なので、100円の買い物券が使えます。

レジで支払いをするとき、息子は意気揚々とスタンプカードを差し出しました。

「かんづめは、これで、はらいます！」

手に入れた缶詰は、今日のおやつにするのかと思いきや、そうではありませんでした。

家に帰ると、息子はこう言ったのです。

「これはね、おかあさんがおしごと、がんばったときの、ごほうびなんだよ！」

フルーツミックスの缶詰を手に、息子は高らかに宣言します。

「おしごと、おわったら、これで、おいしいの、つくってあげるからね！」

そうして、つぎの日から、息子は私にたずねるようになりました。

「おかあさん、おしごと、おわった？」

「いや、まだ、終わってない……」

私にも仕事のペースというものがあるので、そうそう、簡単に完成したりはしないのです。

息子には私の仕事が「本を書くこと」だと説明してあります。

以前、あらゆることに「なんで？」「どうして？」と質問してくるときがあり、仕事のことも知りたがったので、話せる範囲で教えたのでした。

仕事には「締め切り」があり、それが終わると、ほっと一息つけるということは、息子にもなんとなく理解できているようです。

息子は「ごほうび」を私に作ってあげるのが待ちきれないらしく、毎日のように、期待に満ちた目で問いかけてきます。

「ねえねえ、おかあさん、おしごと、おわった？」

「いやいや、まだまだ、しばらく、終わらないから……」

そんなやりとりを何度か経て、ようやく、私は原稿を書きあげました。

「おかあさん、おしごと、おわった？」

「うん！　終わったよ！」

こう答えることのできる瞬間を、どれほど待ち望んでいたことか。

元気いっぱいの息子に負けないほど、私もハイテンションで答えます。

「ついに、やっと、お仕事がひとつ、片づいたんだ！」

「やったーっ！　じゃあ、ぱふぇ、つくってあげるね」

息子はそう言うと、大切にしまってあったフルーツミックスの缶詰を持ってきました。

パフェといっても、とても簡単なもので、ヨーグルトとコーンフレークに、フルーツミックスの缶詰をトッピングしただけのものです。

しかし、その「ごほうび」をどれほどおいしく感じたかということは言うまでもないでしょう。

以前、なにかの本で「幸せになるお金の使い方」について、読んだことがあります。

**ある実験によると、自分のためにお金を使ったときよりも、ほかのだれかのために使ったときのほうが、幸福度は向上したらしいのです。**

こつこつためたスタンプカードのお買い物券で、フルーツミックスの缶詰を手に入れて、私にパフェを作ってくれた息子は、たしかに、とっても幸せそうな顔をしていたのでした。

# ごほうびフルーツパフェ

材料
・フルーツミックス缶　1缶
・ヨーグルト　200g
・コーンフレーク　適量

1 大きめのグラスに、コーンフレークを入れる。
2 コーンフレークの上に、ヨーグルトを入れる。
3 ヨーグルトの上に、フルーツをトッピングする。

お手伝いポイント

缶詰のプルタブ（指をひっかける部分）にスプーンの柄を入れて、てこの原理で開ける、というお手伝いをしていました。

缶詰を開けることが難しい年齢のお子さんには、フルーツミックスの中身を大きめの容器に移し替えて、スプーンですくって、グラスに分けていく、という作業をお手伝いしてもらうのもいいと思います。

# スーパーでのおねだりへの対処方法

## やさしい味の豆乳トマトスープ

今回のエッセイのテーマは「スーパーでおねだりされない方法」というものです。

まさに子育て中の担当編集者さんから、リクエストされました。

担当編集者さんには2歳になる娘さんがいるのですが、保育園の帰りにスーパーマーケットに寄って、いっしょに買い物をしていると、必ず、ぶどうジュースを買ってほしいとおねだりされるそうなのです。保育園で自分の印として使っているシールが「ぶどう」だから、娘さんはぶどうの絵がついているジュースを「自分のもの」だと思うらしく……。

そのエピソードを聞いて、私は「可愛い！」と思ったのでした。

娘さんは保育園での生活を終え、ようやくママに会えたうれしさを感じて、ちょっと「甘え」を見せ、いつものぶどうジュースをほしがって、受け入れてもらうことで安心感を得ているのでしょう。そのやりとりで、満たされた気持ちになれるのなら、それは「良いおねだり」だと思うのです。

**駄々をこねるのではなく、可愛くおねだりできるスキルというのは、ひとつの処世術であり、身につけておくと役にも立ちそうです。**

**ほしいものを主張できるのは、自我のあらわれで、悪いことではありません。**

子どもがきちんとした言葉遣いで、丁寧にお願いをして、親が「買ってもいい」と考えているものなら、おねだりを受け入れてあげても問題ないと思うのです。

毎回ぶどうジュースばかりだと困る……ということでしたら、お店に入る前に「今日はぶどうのついたゼリーを探してみようか」とか、ぶどうに関連するほかのものに誘導してみたり、あるいは「今日は仲良しのお友達のマークであるりんごのジュースにしよう」なんて提案したりするのもありかもしれません。

## 買っていいものと買わないいものをあらかじめ決めておく

人間の心理には「一貫性の原理」というものがあります。一度でもお菓子を買ってもらう経験をしたら、子どもが「また今日も！」と求めてしまうのは、仕方のないことなのです。

最初が肝心なので、親である自分があらかじめ「買ってもいい」ものと「買わない」ものをしっかり決めておくと、軸がぶれません。

**うちの場合、買ってもいいものは食材です。**

いつも息子と「夕飯になにを食べようか」と相談しながら食材を選ぶので、私にとって、食材をほしがることは「困ったおねだり」ではありません。

以前のエッセイに書いたように、めずらしい「ひよこ豆みそ」なんてものを息子がほしがることがありましたが、その要望を聞き入れました。

たまにカニやイクラといった高価な食材を「これ、たべたい」と言われて、少し困るときもあり、そういう場合には食費について説明して、予算の配分をいっしょに考えたりしました。

**買わないものは、お菓子です。**

ふだんの生活において、お菓子を家で食べる習慣がないので、そもそも、お菓子売り場を通らないようにしていました。

息子にとって、お菓子は保育園のおやつの時間に出てくるもので、店で買うものではなかったのです。

それから、前回のエッセイで書いたスーパーマーケットの「スタンプカード」も、おねだり対策に役立っていたのかもしれません。

スタンプがたまって、お買い物券として使えるようになったら、息子が好きなものを「なんでも買っていい」と約束していたのです。

だから、**ほしいものがあっても「スタンプがたまるのを待つ」という行動を選ぶことができるので、わざわざ駄々をこねる必要がなかったのかもしれません。**

以前、スーパーマーケットで買い物をしているときに、それはもう見事な駄々っ子がいました。大声で「買って、買って〜」と叫んで、床に寝転がって手足をバタバタさせているすがたを目撃したのです。

その様子を見ながら、息子は不思議そうな顔をしていました。

おそらく、息子にとっては理解しにくい状況だったのでしょう。

**生まれてこの方、息子は一度たりとも「ぐずったら思いどおりになる」という経験をしたことがないのです。**なので、なぜ、あんなことをしているのだろうか……と疑問に感じていたのだと思います。

## 駄々をこねられたとき

一方、私自身が子どものころといえば、実は、ものすごく「駄々をこねる」「わがまま娘」だったのでした。

それゆえ、スーパーマーケットで「買って、買って〜」と泣きわめいている子どもの気持ちが、手に取るようにわかります。

私は自分の親のことを「子育てがうまいとは言えない人物」だったと考えているのですが、その理由のひとつに「幼い娘が泣くと、お菓子やおもちゃで機嫌を取ろうとした」ということがあります。その子育て法により、子ども時代の私は「不機嫌になれば、得をする」と学んでしまったのでした。

**駄々をこねているときも「泣きわめけば大人を思いどおりに動かせる」と考えており、親が根負けするのを待っていたわけです。**自分の要求を通すために、不快な行動をして、相手を服従させようという戦略なのです。思いどおりにならないと、ますます親が嫌がることをして「こんなに泣いて、暴れているのに、まだ言うことをきかないのか」と腹を立てていたのですね。

**つまり、対人スキルが低く、駄々をこねる以外の方法を知らなかったわけです。**

世のなかには「ごね得」という状況があります。

ひたすら駄々をこねる子どもは、まさに「ごね得」を学んでしまって、それを期待しているのです。

そして、駄々をこねる状態になった時点で、最初に「ほしかったもの」は結構どうでもよくなっていたりします。**もはや、意地の張り合いであり、相手が折れるかどうかという、勝ち負けの問題になっているのです。**

駄々をこねる子どもに屈して、それを買ってあげてしまっては「子どもの勝ち」で「親の負け」です。

子どものほしいという要望をまったく聞き入れず、問答無用で「ダメ！」と上から抑えつけるのは「親の勝ち」で「子どもの負け」になります。

**どちらにしろ、親子のあいだで権力闘争が起きて、勝ち負けを意識すると、一方には不満がたまり、良好な関係を保つのは難しくなってしまいます。**

## win-winの関係を目指す

たいていの場合、ごね得だと思っても、そのような手段を取る人物は周囲にうとまれるので、結局は自分が損をするだけです。

かつて「わがままな子ども」として育てられ、親から正しい自己主張の方法を教わっていなかったゆえに、私は集団生活において、いろいろと苦労しました。

そして、対人スキルの向上を目指していたときに、特に有効だと思ったのが「win-winの関係」という考え方です。

**交渉において、片方が得をして、もう片方が損をするのではなく、私も「勝ち」で、あなたも「勝ち」という、双方に利益がある状態を目指すのです。**

私は子育てのなかでも、この「ｗｉｎ－ｗｉｎの関係」を意識して、お互いにとってメリットのある解決策を考えるよう、息子にも教えていたのでした。

おねだりされたときも、息子が「ほしい」もので、なおかつ私も「ほしい」ものを見つけて、そこを落とし所にすることで、どちらも満足できたので、駄々をこねる必要がなかったのかもしれないな……と思います。

あるとき、スーパーマーケットで買い物をしていると、おいしそうな匂いが漂ってきました。

レトルト食品のコーナーに電気鍋があり、試食品を配っているひとがいたのです。

「あれ、たべていい？」

試食品の入った紙コップに目を向けたあと、息子は私を見あげます。

「いいよ」

私が答えると、息子は試食品を配っているひとに声をかけます。

「ひとつ、ください」

「はい、どうぞ」

息子は紙コップに入ったスープを試食して、興奮した口調で言いました。

「おいしすぎ！」

「こんなの、たべたことない！」

「めっちゃ、おいしい！　おかあさんも、たべて！」

きみは、店のまわし者か……。

試食品を配っていたひとも、ここぞとばかりに「野菜がいっぱい入っているので、お子様の朝食にもぴったりですよ」とアピールしてきます。

それは湯せんや電子レンジであたためるだけという、レトルト食品のトマトクリームスープでした。

私も試食をしてみたところ、ちょっと味が濃いめだけれども、トマトの酸味とチーズのまろやかさが絶妙で、たしかにあとを引くおいしさです。

いつも家で作る料理は薄味なので、こういうパンチの効いた味をたまに食べると、特別おいしく感じるのでしょう。

「かおうよ！　ぜったい、かったほうがいいって」

息子はそう言って、おねだりします。

「じゃあ、買ってみようか」

値段が高めの商品だったので、棚に並んでいたら、まず手には取らなかったでしょう。

自分で作ったほうが安あがりだけど……と思いつつ、手抜きをしたいときに助かるし、まあ、いいか……と考えて、レジへと向かったのでした。

そして、後日。

家族全員でうっかり寝坊をして、朝ごはんを作る時間がなかったときに、レトルト食品のスープは役に立ちました。

しかし、味の濃いレトルト食品は、いつもだと飽きてしまいます。

息子はトマト味のクリームスープが気に入ったようだったので、今度はレトルト食品を買うのではなく、家で作ってみることにしました。

塩分は控えめにして、豆乳を入れ、野菜の味を活かしたスープに仕上げます。

おっと驚くほどの特別なおいしさはありませんが、素朴な味わいのスープが、毎日の家庭料理としてはちょうどいいんじゃないかな……という気がしました。

息子は試食をしたときのようにテンション高く「おいしすぎ！」と騒いだりはしなかったものの、にこにこ笑顔でおかわりをしていたので、母としては満足です。

# やさしい味の豆乳トマトスープ

材料

・オリーブオイル　大さじ2　・にんじん　1本　・豆乳　2カップ
・トマト　2個　・玉ねぎ　1／2個　・水　1カップ
・しめじ　1／2パック　・ベーコン　2枚　・塩　適量

1 鍋にオリーブオイルを熱して、ベーコンと薄切りにした玉ねぎとしめじを炒める。

2 乱切りにしたにんじんと、ざく切りにしたトマトを加えて、水を入れたら、やわらかくなるまで煮る。

3 塩で味つけをして、豆乳を入れて、沸騰しないうちに火を止める。

お手伝いポイント

しめじを渡して、手で割いて、使いやすい大きさにしてもらいます。自分でお茶をグラスに注げるようになると、豆乳を鍋に入れるという作業もできると思います。

# お手伝いで学力の下地を作る

## とろとろ茄子のステーキ

この本のエッセイは、息子が小学校に入るまでの期間に雑誌で連載していた原稿がもとになっています。

それを一冊にまとめるにあたって、担当編集者さんが目次を作ったり、見出しをつけたりしてくれているのです。

この章は「スーパーで社会との関わりを学ぶ」ということで、ほかのエピソードも知りたいとリクエストされました。

そこで、今回は連載のときにはなかった内容を「書き下ろし」として、息子が「スーパーマーケットでの買い物を通して学んだこと」について、もう少しくわしく説明しようと思います。

小学4年生になると、社会の授業で都道府県を学びます。都道府県の名前や場所を正確に覚える必要があるだけでなく、その県の特産品などが問題に出たりもするのです。

息子は算数が好きで、よく問題を解いています。しかし、社会は特に熱心に勉強をしているようには見えなかったのですね。それなのに、国が実施している学力調査テストで100点を取ってきたので、驚いたのでした。

**幼いころに「スーパーマーケットで買い物をした経験」のおかげで、地理の基礎的な知識がいつのまにか身についていたようです。**

## 食べ物で地理を覚える

息子が野菜や魚などの「産地」に興味を持ったのは、ニュージーランド産のかぼちゃを見つけたことがきっかけでした。

私の妹がニュージーランドに住んでいるので、羊の描かれた服やキウイのぬいぐるみなどをプレゼントされて、息子は幼いころから愛用しており、思い入れがある国なのです。

かぼちゃは時期によって、北海道産だったり、メキシコ産だったりしますが、ときどき、ニュージーランド産と書かれているものがあり、それを見つけると、息子はうれしそうに「にゅーじーらんど！」と言っていました。

それから、私たちが住んでいるのは大阪ですが、息子の祖父母は関東に住んでおり、帰省の際には新幹線に乗ります。

なので、新幹線の途中の駅や関東地方の県にもなじみがあり、野菜の産地で知っている地名を見つけると、喜んでいました。

「みて！　とちぎ、って、かいてある！」

「本当だ。栃木の苺だから、とちおとめなんだよね」

「じゃがいもは、ほっかいどう」

「遠くから運ばれてきたんだね」

そんな会話をした経験があるのと、いきなり都道府県を覚えなさいと言われるのとでは、浸透の仕方もちがってくると思います。

まさに、料理の「下ごしらえ」をしておくように、その後の学校での勉強が楽になるという効果があったのでした。

## 子ども時代に早期教育を受けて実感したデメリット

息子が未就学児のころは、勉強というものに重きを置いていませんでした。自分自身が子ども時代に早期教育を受けた経験から、その道を選ばないことにしたのでした。

私の母は、どうも、自分の子どもに対する「理想」が高く、スポーツ万能で成績優秀で自慢できるような「パーフェクトチャイルド」を求めていたようなのです。それで、熱心に早期教育を行っていました。

生まれてきた子どもである私は、運動面での才能に欠けており、スポーツに関しては早々に見限られたのですが、勉強面には適性があり、母はそちらに期待をかけたのでした。

その結果、幼いころから読み書きができたものの、学校で退屈したり、親子関係へ

**の悪影響があったり、知育に偏りすぎて心身の発達とのバランスが取れないことによる混乱に苦しめられたりしたので、デメリットも多いと実感していたのです。**

そんなこともあり、息子には「先取り学習」をさせませんでした。幼いうちはできるだけ自由に遊ばせて「好きなことをする時間」をめいっぱい楽しませようと考えていたのです。

しかし、さすがに小学生も高学年になると、遊んでばかりもいられません。学年があがるにつれて、子どもについての悩みも「勉強のこと」が大きな比重を占めるようになってきます。

子どもが幼いころは「ママ友同士の会話」で情報交換ができました。しかし、**この「学力」というものはデリケートな話題であり、本音が聞きにくいものので、だんだんと情報交換も難しくなってくるのです。**

基本的に、ママ友づきあいにおいては、自慢と取られかねない話題は避ける方が多いと思います。私もこのエッセイでは「息子が全国テストで100点を取った」なんて書いていますが、現実でのママ友同士の会話ではとても口には出せません。

**子どもに関する話題では、謙遜が美徳とされる雰囲気があります。**

自分の子は「下げ」て、ほめ言葉などで相手のお子さんを「上げ」ることで、悪印象を与えないようにするのが処世術であり、我が子の勉強や成績についても、困りごとや愚痴は言っても、有益な情報は大っぴらにはしない気がします。

なので、今回のエッセイでは「学力」について書くことで、この本を手に取ってくださった方に、将来の役に立ちそうなことをお伝えしたいと思ったのです。

## 算数の自信を育んだスーパーマーケット

息子の得意な科目は算数です。

その自信が育まれたのも、スーパーマーケットでの買い物でした。

私はとても計算が苦手です。根っからの文系といいますか、得意な科目は国語で、数字とはあまり親しくなれないまま、人生の大半を歩んできました。

たまに特売品としてチラシに「1000円以上お買い上げの方に限り、卵1パック98円」と書かれていることがあります。

そういうときには、私は計算力と記憶力に自信がないので、息子に頼るようにしていたのです。

商品をかごに入れながら、その金額を合計していきます。

「えっと、キャベツが130円で、バナナが90円だから、足したら……」

私が考えているあいだに、息子が答えます。

「220円！」

得意げな息子に、私は目を大きくして、ここぞとばかりに称賛します。

「すごーい。計算、速いね！」

正直、これくらいの足し算なら、私も真剣に考えればできないことはありません。

けれども、あえて計算が遅いふりをして、答えが出るのを待っていたのでした。

「1000円以上にするには、あと……」

「780円！」

「じゃあ、いまは220円って、覚えておいてね」

「わかった！」

こんなふうに、**いっしょに買い物をすることで、息子は足し算も引き算も自然とできるようになったのでした。**

**子連れで買い物をするのは大変だ、という意見も多いです。**

**子どもの立場で考えてみると、ぐずったりするのは「つまらない」という理由が大きいのではないでしょうか。**

ただ親に連れられ、目的もなく、意味もわからず、買い物につきあわされているだけだと、退屈してしまうものです。

しかし、**息子の場合は、計算がちょうどいいヒマつぶしとなり、自分が役に立っているという「貢献感」もあったので、スーパーマーケットでの買い物も楽しく過ごせていたようでした。**

最初のころは、ただ「食品が何個入りか」を数えるくらいでしたが、それが足し算や引き算になり、もう少し成長すると「玉ねぎが4個入りで120円だと、ひとつあたりいくら?」というような割り算もできるようになりました。

さらには「ひとつ59円の茄子が、ふたつだと98円になると、どれくらいお得なの?」ということまで考えてくれるようになり、こちらとしても非常に助かりました。

このころから、私はもうすっかり息子に計算力では負けていて、演技でなく、本気で感心していました。

たまにスーパーマーケットの商品には「半額」や「3割引き」のシールが貼られていることがあります。

半額ならまだしも3割引きだなんて面倒で、私は考えることを放棄したくなりますが、息子は目を輝かせながら計算して、すぐさま答えを教えてくれます。

その様子を見ていると、数字に苦手意識がある私とはちがって、この子は本当に算数が好きなのだなあ……と実感するのでした。

## キッチンで学ぶ算数と理科

**スーパーマーケットでの買い物だけでなく、幼いころから息子をキッチンに入れ、いっしょに料理をしていたことも、算数や理科の勉強に役立っています。**

たとえば、算数では学年が進むと、グラムやリットルという「単位」を学びます。

単位換算は苦手な子も多いようですが、幼いころに料理のお手伝いをして、水や調味料を計った経験があれば、イメージをつかみやすいでしょう。

それから、包丁で食材を切ることは「分数」や「図形」の下地になります。

うちは3人家族なので、いろいろなものを3等分することが多く、3分の1を半分にすると、6分の1の大きさになる……というような分数の知識が、食材を切り分けることで自然と身についたのでした。

あと、算数の難問としては「立体図形の切断」という単元があるのですが、息子はきゅうりやにんじんやチーズなどを包丁で切って、その断面のかたちを見たことがあったおかげで、すんなり理解できたようでした。

理科では「食塩水の濃度」などの問題も出てきます。料理にはたくさんの科学的な知識が使われており、理科の勉強に直結しているのです。

**また、完成した料理を頭のなかでイメージして、手順どおりに作っていくという工程は、理科の実験にも通じるものがあり、息子はどちらも楽しんでいました。**

10歳の壁という言葉があるように、小学4年生くらいから学習内容が高度になって、勉強で苦労する子も増えるそうです。

息子が幼いころにはあまり想像できなかったのですが、お手伝いによる「実体験」

は「学校の勉強」にもつながっているのです。

**子どもを家事に巻きこむことは、親子の「思い出」が増えるだけでなく、将来の「学力を高める」というメリットもあったのでした。**

## とろとろ茄子のステーキ

材料

・オリーブオイル　大さじ2
・茄子　3本
・白ごま　適量
・みそ　適量
・とろけるチーズ　適量

1 茄子はヘタを落として、縦半分に切る。
2 フライパンにオリーブオイルを熱して、茄子を皮目を下にして並べ、蓋をして中火で焼き、焦げ目がついたら、ひっくり返して、チーズをのせ、やわらかくなるまで火を通す。
3 皿に茄子を盛りつけ、みそをのせ、白ごまをすって、かける。

お手伝いポイント

包丁で茄子のヘタの部分を切り落とすところからはじめます。
慣れないうちは、縦半分ではなく、輪切りでもいいと思います。
我が家には、手でまわして使う「ごますり器」があり、
包丁を使わせるのはまだ不安な時期のお手伝いに役立ちました。

# 4

# 外の世界への興味を広げる

# 子連れ外食には楽しみがいっぱい

旗つき
ケチャップライス

いま、自分の生活は「子どもがいること」が当たり前になっています。

けれども、子どもがいなかったころは、出産したらどんな生活になるのか、さっぱりイメージできなかったのでした。

わからないことが多いと、不安になります。

思い返してみれば笑い話のようなものも多いのですが、妊娠中はいろんなことについて心配していたのです。

そんな悩みごとのうちの、ひとつ。

わざわざこんなことを口に出すのもどうかと思って、あまりひとには言えなかったのですが、ひそかに気に病んでいたことがありました。

子どもが生まれたら、しばらく外食ができないなんて、耐えられるだろうか……。

そう、私は「お店に料理を食べに行くこと」がとても好きなのです。

しかも、外食ができればどんな店でもいいわけではありません。

料理も芸術の一種だと考えており、哲学を持ったシェフと真剣に向き合うような食事がしたいのです。レストランという非日常の空間で、心を揺さぶられるクオリティの高い料理を提供されることで、明日への活力を得ていたのでした。

そのような店は、たいてい、洗練された大人だけの空間であることが多く、子連れには敷居が高いです。

子どもが生まれたら、自分の好きな店に自由に食べに行くこともできなくなるのかと考えると、マタニティブルーのせいなのか、やけに憂鬱になりました。

はじめての妊娠出産だったので、子どもの成長について予測を立てることもできず、いつになったらレストランに行けるのか、まったく見当がつきませんでした。

とにかく、子育てというものは大変で、これまでとおなじような生活はできず、自分の楽しみを犠牲にしなければならないだろう……と思って、ちょっと泣きたくなったのでした。

しかし、実際に子どもが生まれてみると、新生児の世話に必死で、外食のことなんて頭に浮かぶことはありませんでした。

生まれたばかりの赤ちゃんとの暮らしは、体力的にはしんどいながらも、これまでに得たことのない幸福感で満たされていたのです。

おそらく、出産によって、オキシトシンという脳内物質が分泌されていたおかげでしょう。

ちなみに、おいしいものを食べることで幸せな気持ちになるのも、ある種の脳内物質の作用によるものなのです。

仕事に明け暮れていた日々で、私が異常なほど「特別な空間でクオリティの高い食事」をすることに情熱を燃やしていたのは、この脳内物質を得るためだったのだろうという気がします。

息子が生まれたことにより、子育てホルモンや幸福ホルモンと呼ばれるオキシトシンが分泌され、食事によってそれを得る必要がなくなったのかもしれません。

たしかに、以前とおなじ生活はできなくなりましたが、自分がなにかを我慢していると感じることはなく、ただ「赤ちゃんがいる」ということだけで世界は完成されており、ほかのものに対する欲求がすっかり消えていたのでした。

## はじめての子連れ外食

息子が生後3カ月を過ぎたくらいからは、徐々に外出をする機会も増えました。

外出といっても、家の近くのスーパーマーケットへ食材の買い出しに行くことが多かったです。徒歩で行ける範囲であり、遠出はしませんでした。

夫婦で出かけるときには、息子を抱っこするのは、ダンナの役目です。抱っこひもに入っていると、父親の体温や匂いで安心するのか、息子は機嫌よくしていました。

そんな冬のある日。

3人で買い物に出かけた帰りに、ラーメン屋の前を通りかかったのです。豚骨スープの匂いが漂ってきて、私はごくりと生唾を飲みこみました。

そこは博多ラーメンの店でした。

寒くて冷えきった体に、湯気の立ったラーメンは、どれほどおいしいだろう……。白濁したスープのこってり濃厚なラーメン。食べたい。いますぐ、この店に入って、ラーメンをすすりたい！

それは久しぶりに感じた「欲求」でした。

空腹感とはまたべつの、おいしいものへの渇望です。

息子は抱っこひもに入って、ダンナの胸ですやすやと眠っていました。いける、かもしれない。

私はダンナと目配せをして、外食にチャレンジしてみることを決めたのでした。

息子が起きないよう、そうっと静かに急いでラーメン屋に入りました。

そして、声を潜めて注文をして、ドキドキしながら、できあがりを待ちます。

ラーメン屋で配膳をしていたのは年配の女性で、赤ちゃん連れの私たちをあたたかく迎えてくれました。眠っている息子を見て、訳知り顔にうなずき、共犯者のように微笑み、静かにラーメンを運んできてくれたのでした。

そのラーメンをすすったときの幸福感たるや……。

**それは息子がいるだけで完成していた世界から離れて、俗世の快楽を思い出した瞬**

**間だったかもしれません。**

ラーメンは、交代で食べました。

まず、息子がダンナの胸で眠っているあいだに私が食べて、そのあと、息子を私が受け取り、ダンナがラーメンを食べ終わるまで、店の外で待っていました。

その間、息子は起き出すことはありませんでした。

タイミングさえ見計らえば、0歳児がいてもラーメンを食べに行ける……。

**ささいなことですが、この経験は子育てをする上で、私に大きな自信を与えてくれたのでした。**

## おすすめの子連れレストラン

はじめての子連れラーメンのあと、私の人生には「外食をする」という選択肢が再び現れました。

どのような店を選んだのかを知りたいと、編集者さんからリクエストがありましたので、お答えしたいと思います。

**息子がベビーカーに乗っていたころは、天井が高くて広々とした開放的な空間のカフェに行くことが多かったです。**

ゆったりとしたカフェは、ソファ席で子どもといっしょに座れたり、ベビーカーのままでも入店できたり、トイレにオムツ替えのできる場所があったりして、おなじような子連れの客でにぎわっていました。

あと、**ファミリーレストランは、その名のとおり家族向けのサービスが充実しているので、気兼ねなく過ごすことができました。**

ファミリーレストランには学生のころは行っていましたが、働くようになってからはすっかり足が遠のいていました。チェーン展開している店はどこで食べても「均一化された料理」なので、食べ歩きが趣味の自分には魅力的には思えません。それが、**子連れだと、味より「便利さ」のほうが優先順位が高くなったのです。**久々にファミリーレストランを利用すると、学生時代に戻ったかのようで、なんだか懐かしい気持ちになりました。

それから、**意外と便利だったのが、中華料理の店です。**

ホテルなどに入っている高級な中華料理の店は、個室があったり、テーブル席が余裕を持って配置されていたりして、息子をベビーカーに乗せたまま、食事を楽しむことができました。フレンチや和食などに比べると、中華料理の店はワイワイガヤガヤした雰囲気のところが多く、子連れで利用しやすかったです。

**ベビーカーの時期を過ぎると、お店選びで重要なのは「お子様用のイス」があるかどうかでした。**

お店に「お子様用のイス」があれば、子連れ歓迎ということなので、遠慮なく入っていくことができました。

我が家のダイニングテーブルでは、ストッケ社の「トリップトラップ」というイスを使っています。このイスだと、大人とおなじ目線の高さで食事をすることができるのです。そのためか、外食のときにも、息子はお子様用のイスに座って、大人とおなじようにテーブルを囲むことができると、うれしいようでした。

それでも、2〜4歳くらいの年齢だと動きも激しくなり、おとなしいのは食べているときくらいで、あまり長居はできませんでした。

子連れの外食ではどうしても、ほかのひとに迷惑をかけないようにしなければ……と気を張ってしまうところがあります。

なので、ときどきは外食を楽しんでいたものの、どちらかというと、家で食べるほうが気楽でいいかな……と思うことが多かったです。

## 新しい体験は好奇心の種

そんなある日、息子の成長を感じる出来事がありました。

3人で出かけていて、お昼どきになり、ごはんはどうしようかと思っていたときのことです。

スペイン料理の店の前を通りかかったところ、そこに掲示されていたメニューを見て、息子が言いました。

「これ、たべたい！」

メニューには、お子様ランチの写真があったのです。

山型に盛られたケチャップライスには、旗が飾られていました。そして、分厚いオムレツに、ハンバーグ、ポテトフライなど、大人が見てもおいしそうです。

お子様ランチがあるということは、子連れ歓迎ということでしょう。

しかし、店内をのぞいてみると、それなりに「きちんとしたレストラン」のようで、テーブル席しかなく、少し不安になりました。

迷っていると、ダンナが言いました。

「いいんじゃない？」

「もうすぐ誕生日だし、お祝いしたら？」

その日は、私の誕生日に近かったのです。

誕生日のことなんて、すっかり忘れており、そんな自分に驚きました。

そういえば、子どもがいなかったころは、誕生日の楽しみといえば、お気に入りの店に予約を入れて、スペシャルなコース料理を食べることでした。

それが、息子が生まれてからというもの、自分の誕生日のお祝いなんてどうでもいいような気持ちになって、その存在すら意識していなかったのでした。

「おかあさんのたんじょうび、おいわい、しよう！」

息子も乗り気ですし、私もスペイン料理の写真を見ていると、食べたくなってきました。

そこで、私は息子に確認しました。

「ごはんを食べ終わるまで、じっとイスに座っていられる?」

「うん!」

「足は?」

「そろえる!」

「背中は?」

「まっすぐ!」

「声は?」

「しずかに!」

「大人みたいに、できる?」

息子は自信満々の態度で答えました。

「できる!」

その言葉を信じて、店に入ることにしたのでした。

店にはほかにもお客さんがいましたが、どのグループも大人ばかりで、落ちついた雰囲気で食事をしています。

私は久々に本格的なスペイン料理を味わうことができました。シェリー酒を飲み、トマトソースにハーブの香るモツ煮込みに舌鼓を打っていると、しみじみと幸せな気持ちになります。

「このぽてと、すごい！」

お子様ランチが運ばれてくると、息子は一口食べて、目を輝かせました。

「かわが、ついてる」

お子様ランチのフライドポテトは冷凍食品などではなく、まるごとのじゃがいもを素揚げしているようでした。これまでに食べたことがないほどおいしかったらしく、夢中で食べています。

約束どおり、息子はきちんとイスに座っていました。

「おいしいね」

「うん、おいしいね」

テーブル越しに、そんな会話をしながら、微笑みを交わします。

子連れだからと焦ったり、負い目を感じたりすることなく、心から食事を楽しむことができている状況に、私はひっそりと感動していました。

**いつしか、息子は「外食のときの厄介なお荷物」ではなく、いっしょに「食事を楽しむ相手」となっていたのです。**

スペイン料理店を出るとき、ほかのテーブルにいたお客さんが、息子に声をかけてくれました。

「ぼく、お行儀よくできて、えらいわねえ」

そんなふうに言われて、息子はとても誇らしげでした。

よほどうれしかったのか、その後、息子はスペイン料理を食べたときのことを何度も話していました。

「まえに、おむれつ、たべたとき、ほめられたよね！」

**楽しい外食の記憶は、息子にとっての成功体験でもあり、自信につながっているのでしょう。**

家でも、ときどき、皿に盛りつけたケチャップライスに旗を飾ってあげます。

すると、息子はとても喜んで、はじめてお子様ランチを食べたときのことを思い出して、得意げに胸をそらすのでした。

# 旗つきケチャップライス

材料

・ご飯　3膳分
・玉ねぎ　1／2個
・ホールコーン缶　1缶
・ソーセージ　2～3本
・トマトケチャップ　大さじ4
・醤油　小さじ1
・オリーブオイル　大さじ1
・塩・こしょう　適量

1　玉ねぎをみじん切り、ソーセージを輪切りにして、コーンは水気を切っておく。
2　フライパンにオリーブオイルを熱して、玉ねぎが透き通るまで炒め、ソーセージとコーンも炒める。
3　ご飯を加えて、塩とこしょう、醤油で味つけをする。トマトケチャップを入れたら、火を止め、かき混ぜて、全体に味をなじませたあと、カップでかたちを作って、皿に盛りつけ、旗を飾る。

お手伝いポイント

玉ねぎの皮をむく、というお手伝いをよくしていました。皮をむきやすいように、玉ねぎの根に近い部分は切ってから、子どもに渡します。ソーセージはわりと切りやすいので、輪切りの練習にちょうどいいと思います。

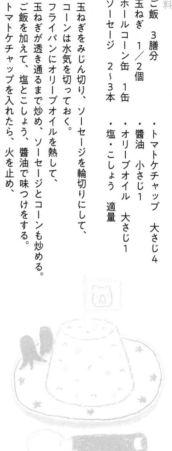

ブリのムニエルの
タルタルソース添え

# 外食でコミュニケーション能力を高めよう

仕事をつづけるためには、休みの日が必要です。

会社勤めをしているひとは、労働基準法があり、必ず休日を与えられます。

私はフリーランスで仕事をしているので決められた休日がなく、ついついオーバーワークになりがちなのですが、だからこそ、忙しいときにも「休むことの大切さ」を自分に言い聞かせています。

では、家事を行うひとはどうでしょうか。

家事をつづけるためにも、休みの日は必要だと思うのです。

そういうわけで、気軽に息子と外食ができるようになったあとは、積極的に「料理をお休みする日」を作るようになりました。

## 自分の希望を伝える、相手と意見をすり合わせる

たまの外食は、いい気分転換になります。

息子もふだんとはちがう食事を楽しみにしているようです。

それに、**ほかにお客さんのいる環境で食事をすることは、公共の場での振る舞いというものを身につける練習になるんじゃないかな……という思惑もあったりするのでした。**

外食は、まずお店を選ぶところからはじまります。

「今日のランチ、どこに行く？」

私の問いかけに、息子は答えます。

「ぴざ！」

「うーん、お母さんはあんまりピザな気分じゃないな」

「おかあさんは、なにがいい？」

「朝がパンだったから、お昼はお米のご飯が食べたいかも」

「それじゃ、あのおみせ、いこうよ」

少し考えて、息子は言いました。

「おにくか、さかな、えらべるところ」

息子が思いついたのは、家の近くにある日本料理のお店でした。

お昼の定食は日替わりで、肉と魚の二種類から選べるのです。

「いいね。お魚の定食にしようか」

「うん！　きょうのおさかな、なにかな？」

**ほかの人間と食事をするときに、自分の希望を伝えたり、相手と意見をすり合わせたりして、お互いに納得のいくお店を選ぶこと……。こんな何気ない会話も、子どもにとっては成長の機会です。**

コミュニケーション能力というと大袈裟かもしれませんが、外食をきっかけとして学ぶことは多いと思うのです。

## 親や先生ではない大人とコミュニケーションをとる

その日の魚の定食は、アジフライでした。

息子は小骨もまったく気にせず、ぱくぱく食べていました。

「このそーすが、おいしいね」

息子がそんな感想を口にするのを、板さんが目を細めて、にこにこと見ています。

「そうか、そうか、良かった」

板さんはすらりと背が高く、長めの髪を後ろで束ねて、粋な雰囲気がありつつ、親しみやすい男性です。

お店はいわゆる鰻の寝床といわれる造りで、カウンター席にテーブル席がふたつだけ。夜の営業がメインという感じで、ランチタイムは板さんがひとりで切り盛りしています。清潔感のある白木のカウンターの向こう側には銘酒がずらりと並んでいて、子どもを連れて行くような雰囲気ではなく、最初はためらいました。

しかし、板さんは「うち、子どもさん、大歓迎ですから」とカウンター越しに声をかけてくれたのでした。

いまでは、まるで常連客のように、息子は板さんと親しげに会話をしています。

「おさかな、たべちゃった。そーすも、ぜんぶ」

「そのタルタルソース、気に入ってくれたみたいで、おっちゃん、うれしいわ」

「うん、おいしい。はじめて、たべた」

息子が気に入ったタルタルソースは、うっすらとピンクがかっていました。

そこで、私も会話に加わります。

「トマトが入っているんですか?」

私の質問に、板さんは首を横に振りました。

「いえ、それ、柴漬けの色なんですよ」

「へえ、柴漬けですか。凝ってますすね」

「意外と簡単ですよ。柴漬けと玉ねぎを刻んで、マヨネーズに混ぜただけで……」

板さんは親切に作り方を教えてくれます。

だから、どことなく和テイストだったのか……と納得しました。

これまで知らなかった味を発見することができるのも、外食の楽しみのひとつです。

私はもともと食べ歩きが趣味だったこともあり、新しい店を開拓して、経験値を増やすことに喜びを見出していました。

しかし、息子といっしょに外食をするようになってからは、なじみのところに通うことが多くなったのでした。

子連れで外食する場合、はじめてのところより、お店のひとが歓迎してくれているとわかっているところのほうが安心感があります。

「ごちそうさまでした」

大きな声であいさつして、息子は店をあとにします。

「また今度も来てな。待ってるで」

板さんは手を振って、見送ってくれます。

食事をしながら、息子は板さんといろいろな話をして、すっかり打ち解けていました。

板さんが香川の出身であるとか、実家は漁師をしているとか、若いころはドイツで働いてたとか、これまでの人生について聞き出していたのです。

親でもなく先生でもない大人と会話をすることは、とても興味深い経験のようでした。

## 外食は子どもと自分の成長の機会

子どものころ、私はあまり外食をした経験がありませんでした。

私の父は「店で食事をするのは落ちつかない」という理由で、ほとんど外食をしなかったのです。

専業主婦だった母には「家事を休む」なんて発想もなく、毎日のように食事作りに追われていました。せめて、外食の機会があれば、その日は料理をせずに済んだと思うのですが……。

どうしても母が家を空けなければならないときは、父は料理を作れないので、出前を頼んだり、持ち帰りの弁当を買ってきたりしていたのです。

父は外食を好まなかっただけでなく、食わず嫌いが多く、偏食が激しく、いつも決まったものを食べていました。

出前は決まった店の天丼かうどんで、持ち帰り弁当も決まった店のおなじようなメニューで、つまらないなあ……と思っていた記憶があります。

子ども時代の食卓は代わり映えしないものばかりで、めずらしいものを食べる機会なんて滅多になくて、私の「食への好奇心」はもっぱら本を読むことに向けられていました。世界の料理や食文化について書かれた本が大好きで、興味津々で読んでいたのです。

そんな子ども時代の反動もあって、大人になってから、いろんな飲食店を食べ歩くことに夢中になったのかもしれません。

**料理を作るセンスというのは、やはり、それまで積み重ねてきた経験に左右されるものです。**

私は子どものころに魚をあまり食べずに育ったせいで、いまでも魚料理に苦手意識があります。記憶の引き出しに魚を使った料理が圧倒的に少ないので、献立を考える際に思い浮かばないのです。

だから、外食は息子の経験値をあげるだけでなく、私の成長の機会でもあります。

アジフライの定食を食べたあと、さっそく、家でも試すことにしました。

板さんから教わったとおりに、タルタルソースを再現してみます。

ちょうどブリがお買い得だったので、アジではなく、家ではブリを使いました。

ブリをこんがりとフライパンで焼いて、タルタルソースを添えたところ、息子はすぐに気づいたようでした。

「これ、おみせでたべたのと、おなじだ！」

「そうだよ。自分で作ってみたの」

「すごーい、おかあさん、おりょうり、じょうずだ！」

いろんなひととの出会いや経験が、息子を作っていくのでしょう。

そして、自分自身も、子どもといっしょに成長していくことができるのです。

それが子育ての醍醐味なのかもしれないな……なんて思いながら、自分なりにアレンジした魚料理を食べたのでした。

## ブリのムニエルのタルタルソース添え

材料

・ブリ　3切れ
・小麦粉　適量
・柴漬け　大さじ2
・玉ねぎ　1／4個
・マヨネーズ　大さじ3
・キャベツの千切り　適量
・バター　適量

1 ブリは塩（分量外）を振って、30分以上おいたあと、水気をとって、小麦粉をまぶす。
2 柴漬けと玉ねぎをみじん切りにして、マヨネーズと混ぜる。
3 フライパンにバターを熱して、ブリを両面こんがりと焼く。
4 焼いたブリを皿に盛り、キャベツの千切りとタルタルソースを添える。

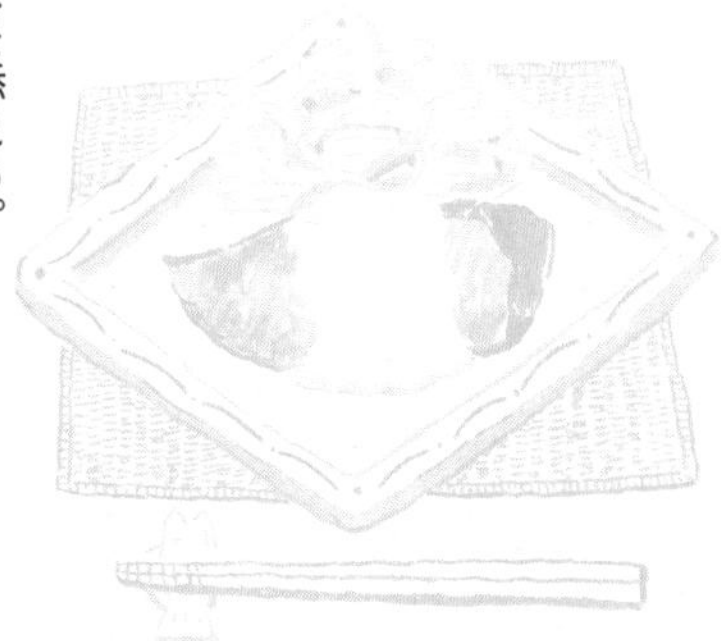

お手伝いポイント

ブリに塩を振ったり、小麦粉をまぶしたりする作業を任せます。柴漬けと玉ねぎをみじん切りにしたものをボウルに入れ、子どもにマヨネーズを入れてもらい、混ぜるところを任せると、色がピンクになっていくのが楽しいようです。

# 自由であることだけが幸せとは限らない

## バスツアーとわらびご飯

5歳にして、息子には「行きつけの店」ができました。

前回のエッセイに書いた日本料理のお店ですが、すっかりお気に入りで、事あるごとに食べに行きたがるのです。

あるとき、お昼の日替わり定食を食べていると、息子はお店の壁に提示物を見つけました。

いつもはなにもないところにA4サイズのプリント用紙が貼られていたのです。

「なに、あれ?」

興味を示した息子に、板さんが答えます。

「バスツアーの案内やで」

たしかに、その紙には「バスツアーのご案内」と書かれていました。

「今度、バスで山菜を採りに行くから。来るか？」

息子にそう言ったあと、板さんはこちらを向いて、補足します。

「お店の常連さんに、アウトドア関係の仕事をしているひとがいて、山菜が採れる場所を知ってるから、今度、みんなで行こうや、ということになって……。バスをチャーターして、山まで行って、山菜を採ったあと、その場で、ぼくが天ぷらにしたり、お浸しにしたりと、料理するんです」

それを聞いて、息子は目を輝かせます。

「いきたい！」

わくわくした様子で、そんなことを言い出しました。

いや、でも、お店の常連さんたちで行くバスツアーって、ものすごく、輪に入りづらいのでは……。

考えてみれば、これまでの人生で、私はバスツアーなるものに心を惹かれたことなど一度もありませんでした。

基本的に、集団行動が苦手なのです。

自由を求める気持ちが強く、旅行は自分の好きなところにふらりと出かけたいので、旅程が決まっているバスツアーは選択肢になかったのでした。

しかしながら、息子は社交的な性格で、見知らぬひとにも積極的に声をかけるタイプです。

たしかに、息子ならば、ほとんど知らないようなひとたちが集まるバスツアーでも楽しめるでしょう。

私ひとりだったら、絶対に参加しようとは思いませんが……。

「ねえ、おかあさん、いこうよ！」

息子は熱心に、そう主張します。

「はるやすみの、おでかけ！」

追い討ちをかけるように、息子はそんなことを言いました。

もうすぐ春休みですが、私はこのところ仕事に追われており、楽しいお出かけの計画などまったく立てることができない状態だったのです。

このままでは、息子はなにも予定のない春休みを過ごすことになりそうで……。

「子連れでも参加できるような感じなのでしょうか？」

いちおう、板さんにたずねてみたところ、にこやかな笑顔とともに答えが返ってきました。

「ええ、子どもさんも大歓迎ですよ。いまのところ参加を希望されているのはご年配のお客さんが多いですけど、でも、うちの娘も参加するんで、ぜひ」

板さんの娘さんは、小学1年生だそうで、息子よりもひとつ年上です。

春休みにはどこにも出かける予定がなかったので、ちょうどいいかな……と思って、参加を決めたのでした。

## いろんなひとに助けられて子育てをする

そして、山菜採りバスツアーの当日。

実は、あの申し込みをしたあと、仕事がますます忙しくなり、バスツアーのことなんて、さっぱり忘れていました。

はたと気づけば、スケジュール帳に「山菜採り」の文字があり、朝からバタバタと準備をして、待ち合わせ場所へと向かったのでした。

バスツアーに行こうと決めたときには、まさか、こんなに仕事が切羽詰まって、スケジュールが厳しいことになっているなんて思いもせず、ああ、なんで、この忙しいときにバスツアーなんぞに行かなければならんのだ、と予定を入れてしまったことをちょっと後悔しないでもなく……。

しかし、息子は楽しそうです。

バスの席では、板さんの娘ちゃんのとなりに座って、いろんな話をしています。どうやら、板さんの娘ちゃんは、息子が習い事で仲良くしている年上の友達とおなじ保育園に通っていたということが判明して、初対面ながらも「共通の友人」の話で盛りあがっていたのでした。

ほかのお客さんたちは年配のご夫婦や女性グループが多く、まさに子育ての先輩という感じで、子連れで参加しても迷惑がられることはなく、むしろ、可愛がってもらえました。息子は「何歳？」「うちの孫とおなじくらいやわ〜」と声をかけられ、「ええもん、あげよか」とお菓子をいただくなどして、すっかりなじんでいたのでした。

バスは山道を走り、トンネルを抜け、ついに目的地につきました。

そこからは、徒歩で進んでいくので、バスを降ります。

バスから窓の外を見て、私は驚きました。

もう春だというのに、雪が残っていたのです。

山菜は、雪解けと同時に芽を出すもの。つまり、まだ雪が残っている場所こそが、山菜採りには適しているのでしょう。

息子はもう、大興奮。

バスを降りると、一直線に、雪へと向かっていきます。

「わあ、ゆきだ、ゆきだ！」

そろそろ春の気配を感じるころなのに、思わぬところで雪遊びができて、うれしそうです。

しかし、私はそのとき、自分の失敗に気づきました。

ああ、着替え、持ってくるの、忘れた……。

このところ忙しくて、頭が子育てモードではなく、仕事モードになっていたので、準備がおろそかになっていたのです。

そして、案の定、雪の上でつるりと滑って、泥だらけになる息子……。

子育ての先輩たちからは「着替えは？」「えっ、持ってきてへんの？」「あかんやん。

子どもは汚すもんやねんから、絶対にいるやろ」と突っ込まれまくりでした。

ちなみに、**ナイーブなひとだと、この「大阪のおばちゃん」たちの容赦のないツッコミに、失敗を責められているように感じて、自分は母親失格だ……なんて思ってしまうかもしれませんが、いちいち、へこんでいては切りがありません。**

私は自分を「しっかりした母親」「できる母親」だとは思っていないので、ミスはあるし、それを指摘されても、はい、まったくもっておっしゃるとおりで……という感じで、受け入れていました。

**虚勢を張らず、親として未熟であることを認めて、まわりに手助けしてもらって、なんとか子育てをしているのです。**

このときも、タオルを貸してもらったり、靴下が乾くまで息子を抱っこしてもらったりと、いろんなひとに助けられて、感謝の気持ちでいっぱいになりました。

バスツアーに参加していた男性に「子守りがようけおって助かったな」と言われたのですが、本当に、子どもといっしょに行動していると「赤の他人の親切」に感動することが多いです。

山菜の生えている場所を見つけたひとが「ほら、ここにあるで」と教えてくれたり、子どもたちに優先して採らせてくれたりして、わらびやふきのとう、いたどりなどをたくさん収穫することができました。

くせのある山菜も、板さんの腕のおかげで、子どもでも食べやすい料理になり、息子はぱくぱく食べていました。

## やりたいことだけだと世界が狭くなる

その場で使いきれなかった分は、お土産です。

わらびをビニール袋いっぱいに持って帰ることになり、正直なところ、私は途方に暮れました。

だから、仕事が忙しいんだってば……と涙目になりながらも、インターネットで下処理の方法を調べ、灰汁を抜いて、翌日はわらびご飯です。

山菜は下処理も面倒くさいし、自分から手を伸ばすことはなく、ふだんは調理しようなんて思いません。しかし、作ってみると、わらびご飯は香りがよくて、ほんわかとした味わいで、心がなごみました。

仕事だけに没頭していればよかった日々とはちがって、子育てをしていると面倒なことも多いです。

バスツアーなんて、息子が行きたいと言わなければ、絶対に参加しなかったでしょう。

疲労感はありましたが、山菜採りに行った経験は得がたいもので、楽しい思い出になっています。

自分の好きなものだけ選んで、やりたいことしかやらなければ、世界が狭くなってしまうかもしれない。

息子といっしょにいると、自由であることだけが幸せとは限らないんだな……ということに気づくのでした。

# わらびご飯

材料
・米　2合
・わらび　120g
・にんじん　1／2本
・油揚げ　1／2枚
・醤油　大さじ2
・酒　大さじ2
・昆布　5㎝角
・重曹　適量

1 わらびはよく洗って、水が沸騰したら、重曹を入れ、茹でて、一晩おき、流水で洗う。米は研いで、水と昆布を入れて、冷蔵庫で一晩、浸しておく。
2 にんじんと油揚げを細切りにして、わらびも3㎝ほどに切る。水に浸しておいた昆布も、細切りにする。
3 米に2の具材を入れ、醤油と酒を入れて、炊いたあと、しっかりと底から混ぜて、しばらく蒸らす。

お手伝いポイント
わらびを洗う作業をさせると、めずらしいかたちに興味を持っていました。炊きあがったご飯をしゃもじで十字に切って、天地を返すように混ぜてほぐすお手伝いも、幼いころからよくやっていました。

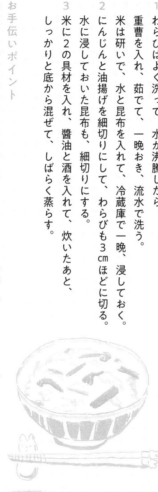

# 親のありがたみ、子のありがたみ

## キッズキャンプのピラフ

息子といっしょに山菜採りのバスツアーに行ったときのことです。板さんのアシスタント的な参加者のひとりに、とても面倒見のいいお兄さんがいて、息子の相手をしてくれていたのです。バスでは退屈しないように楽しくおしゃべりをしてくれて、歩き疲れたときには抱っこまでしてくれて、息子はすっかり、そのお兄さんに懐いていました。

大学を出たばかりで、結婚もしてないということでしたが、妙に子どもの扱いに慣れていたのです。くわしく話を聞いてみると、学生時代にボランティア活動としてキッズキャンプのスタッフをしていた、ということでした。

「きっずきゃんぷって、なに?」

息子は興味津々です。

「ぼくも、きゃんぷ、いってみたい！」

バスツアーのあと、そのお兄さんから聞いた情報をもとに、キッズキャンプについて調べてみました。

ホームページを見てみると、まさにキャンプの参加者を募集しています。

「本当に、キャンプ、行ってみたいの？」

確認すると、息子は大きくうなずきました。

「うん！　いきたい！」

「知らないところにお泊まりなんだよ？　夜も、お母さんやお父さんと離れて、寝るんだよ？　できる？」

「できる！」

**そんなふうに言い切る息子に、いったい、きみのその自信はどこから来るのか……と感心するような気持ちになります。**

息子はこれまで一度だって、ひとりでお泊まりをしたことはないのです。

私が子どものころには幼稚園で「お泊まり保育」という行事があったのですが、息子の通う幼稚園にはそんな行事はありません。祖父母の家に行くときも、家族3人で帰省しているので、息子がひとりだけで泊まるという経験はなかったのでした。

なのに、息子はちっとも不安がることなく、キャンプに行きたがっているのです。

バスツアーで出会ったやさしいお兄さん。

そんなお兄さんのようなひとがいるところなら、きっと、キャンプというのは楽しいにちがいない、と息子は考えたのでしょう。

はじめてのお泊まり。

山奥の施設で、親と離れて過ごす……。

さみしくて、泣いたりしないかしら……。

心配はありつつも、これも息子がひとまわり大きく成長する機会になるだろうと思い、キッズキャンプに申し込んだのでした。


そして、キャンプ当日。

息子はまったく不安がる様子もなく、荷物を詰め込んだリュックサックを背負って、大学生のスタッフたちに連れられ、さっさと歩いて行きました。

見送る私のほうがさみしくて、ちょっぴり泣きそうな気持ちになります。

保育園に通いはじめたばかりのころは、バイバイしたくないと言って、朝から大泣きしていたのに……。

いつのまにやら、息子はひとりでお泊まりに行けるほど、たくましくなっていたのです。

**ずっとお母さんといっしょがいい……と泣かれても困るのですが、だからといって離れることが平気になってしまうと、それはそれで心にぽっかり穴が空いたような気分にもなり……。親心とは複雑なものです。**

## 離れてみることで気がつくこと

その日の夜は、グリーンカレーを作りました。

以前、店頭でタイカレーペーストを見かけて、衝動的に食べたくなり、購入したものの、冷静になって考えてみると、息子は激辛のグリーンカレーなんて食べることはできないので、作る機会がなく、放置されたままになっていたのです。

息子がいないときだからこそ、それを食べようと思ったのでした。

ダンナとふたりで、グリーンカレーの夕食をとります。

息子が生まれる以前はいつもこんなふうだったはずなのに、久しぶりに夫婦ふたりだけで夕食を食べていると、とても違和感がありました。

「静かだね……」

ダンナの言葉に、私もうなずきます。

「ふたりだと、静かすぎるね」

激辛のグリーンカレーを食べながら、息子のイスをちらりと見ます。

息子がいない食卓が、こんなに静かだとは……。

おしゃべりが大好きな息子は食事中もずっと話していて、うるさいと感じることもあるほどなのですが、その声がないと、まさに火が消えたようです。

息子も、いま、カレーを食べているのかな……。

キャンプの案内によると、初日の夕飯はみんなでカレーを作ることになっていました。

料理好きの息子のことだから、大量の野菜を切ったり、かまどでご飯を炊いたりするのを、きっと、楽しんでいるでしょう。

でも、夜、寝るときになったら、お母さんのことを思い出して、泣いてしまうのでは……。

そんなことを考えると、胸がきゅんと切なくなるのでした。


キャンプ2日目の夕方。

迎えに行くと、息子はにこにこの笑顔で、私に駆け寄ってきました。

「お帰り。楽しかった？」

「うん！」

面倒を見てくれていた大学生のスタッフの話によると、夜もすんなり寝て、食事もすべて完食して、なんの問題もなかったようです。

「おかあさんにね、おみやげ、あるんだよ」

そう言って、息子がリュックサックのポケットから取り出したのは、つまようじに紙をつけた旗でした。

お子様ランチのご飯についているような旗です。

「これ、ごはんに、ついてたの！　きゃんぷでね、たべた、ごはん、めっちゃ、おいしかった！」

「カレー？」

「ちがう。きょう、おひる、たべたの！」

キャンプの案内を思い出します。

2日目の昼食のメニューは、ピラフと書かれていたはずです。

「ピラフのこと？」

「そう！　それ！　おいしすぎた！」

「良かったね」

「こんど、つくってあげる！　あのおいしいの、おかあさんにも、たべてほしいんだよ！」

私のいないところで、息子はピラフを食べて、そのおいしさを分かち合いたいと思ってくれていた……。

それを知って、なんだか胸がいっぱいになりました。

そして、息子といっしょに、家でもキャンプのピラフを再現してみたのです。

お椀でまるくかたちを作り、息子が持って帰ってきた旗を飾ります。

「それでね、きゃんぷのとき、せんせいがね……」

食べているあいだも、息子はずっと、いろんなことを話しつづけていました。

「おしゃべりは食べてからね」

そんなふうに何度かうながしつつも、私はつい、笑顔になってしまいます。

**この「子どもがいるからこその食卓の騒がしさ」も、かけがえのないものだと感じて、一瞬一瞬が愛おしく思えるのでした。**

# ピラフ

**材料**

・米　2合
・エビ　6尾
・玉ねぎ　1／2個
・水　カップ1と3／4
・ホールコーン缶　半分
・オリーブオイル　大さじ2
・バター　大さじ1
・塩・こしょう　適量

1 エビは殻をむいて背《せ》腸《わた》を取り、玉ねぎはみじん切りにしておく。

2 鍋にオリーブオイルを熱して、玉ねぎを炒める。
玉ねぎが透き通ったら、エビとコーンを入れて、
しばらく炒めたあと、米を加える。

3 米が透き通るまで炒めたら、水を加え、塩とこしょうを振り、
鍋に蓋をして、強火で煮る。沸騰後は弱火で煮て、
米に芯がなくなったら火を止める。

4 10分ほど蒸らしたあと、蓋を開けて、バターを加え、
底から返すように混ぜる。

**お手伝いポイント**

息子はエビの殻を手でむいたり、つまようじを使って背腸を取ったりする作業をしていました。生のエビを触ることに抵抗があるようなら、さっと茹でたあとに殻をむいてもらうといいかもしれません。

# 異文化を経験しよう

## 羊の国のラムチョップ

息子がはじめて経験した海外旅行は、ニュージーランドでした。

私の妹がニュージーランドの男性と結婚して、クライストチャーチという町に住んでいるので、息子を連れて、家族3人で遊びに行くことになったのです。

5歳で海外に行くなんて、自分の子どものころからしてみれば、隔世の感があるなあ……と思います。

私自身は大人になって、新婚旅行でタイに行くまで、日本から出たことがありませんでした。海の向こうの世界は遠く、中学校で英語を習っているときにも使う機会がイメージできなくて、あまり勉強に身が入らなかったものです。

**家族3人で渡航するとなると出費もかさみます。**

しかし、息子には幼いうちに海外に行く経験をすることで、世界というものを身近に感じてほしいと思い、旅立つことを決めました。

「ニュージーランドは、ここだよ」

地球儀を見せて、私は息子に教えます。

「ここが日本で、ニュージーランドがあるのは南半球。地球には、赤道というものがあって……」

5歳児にどこまで理解できるのかはわかりませんが、飛行機に乗って、どんなふうに旅をするのか、説明してみました。

飛行機のチケットを取ったあとは、息子とふたり、時間を見つけては、英会話の練習です。

「ありがとうは、サンキューだよ」

「しってる！」

うれしそうに、息子は言いました。

「さんきゅーって、しってる！　えいごだったのかー」

「ほかにも、知ってる英語、ある？」

「りんごは、あっぷる！」

「おお、よく知ってるね」

「みかんは？」

息子の質問に、私は少し考えます。

「うーん、あえて言えば、オレンジ、かな」

マンダリンやタンジェリンという単語も浮かんで、厳密にはちがう気もしないではないですが、まあ、息子が思うところの「みかんジュース」がほしいときには「オレンジジュース、プリーズ」で通じるでしょう。

「ばななは？」

「バナナ」

「えーっ！　ばななって、えいごなの？」

そこに驚いている息子に、こっちも驚きます。

きみは、バナナを日本語だと思っていたのか……。

たしかに、生まれたときから身近にあり、当然のように使っていた単語だけど……。

**世界にはいろんな国があり、さまざまな言葉が使われているということを知って、**

**息子は興味津々といった様子でした。**

その後も『MAPS　新・世界図絵』（徳間書店）という絵本などを眺めて、異国の地に思いを馳せていたのでした。

## 体験こそ極上のきっかけ

そして、飛行機に乗り、練習の成果を見せるときが来ました。

ニュージーランド航空の客室乗務員さんが座席に近づいてくると、息子はもじもじしながらも、声をかけたのです。

「うおーたー、ぷりーず！」

**ちがう国のひとにも、ちゃんと自分の意思を伝えられた、ということ。**

**それは成功体験となり、自信につながったようです。**

「さんきゅー」

息子は客室乗務員さんに言うと、とても晴れがましい顔をして、水をごくごくと飲んでいました。

ニュージーランドは、人間よりも羊の数のほうが多いといわれています。青空のもと、牧草地がどこまでも広がり、羊や牛や馬たちがのんびりとたたずんで、のどかな風景にこちらまでゆったりとした気持ちになりました。

ニュージーランド滞在中には、おいしいものをいっぱい食べました。料理上手な妹がごちそうを作ってくれたり、おすすめのカフェやレストランに連れて行ってくれたりしたのです。

ニュージーランドでは定番だというキャロットケーキは、ミルクたっぷりの紅茶によく合いました。

「にんじんのけーき、おいしい！」

野菜のにんじんで、おやつのケーキを作るのは、息子にとっては新鮮だったようで、驚きに目をまるくしつつ、夢中で食べていたのでした。

自然豊かな公園のマーケットで食べた「クマラのスープ」も印象に残っています。クマラとはマオリ族が主食としていたさつまいもの意味らしいです。甘くてやさしい味わいのスープで、息子もお気に入りでした。

そして、なにより、私が感激したのが、骨つきラムのローストです。

あばら肉をかたまりのままで買って来て、妹が焼いてくれたラム肉は、絶品としかいいようがなかったのです。

お肉のつけあわせには、マッシュポテトがついていました。

ラム肉のロースト、マッシュポテト、グリーンピースを茹でたもの。

それらが盛りつけられた皿を見て、息子は言いました。

「ごはんは?」

「これが、今日のごはんだよ」

妹が答えると、息子は首を横に振ります。

「ちがうよ、ごはん」

「ああ、お米のご飯のこと? 今日は、お米のご飯はないんだよ」

「えー、ごはんがないの?」

「そうだよ。ニュージーランドではね、お米のご飯の代わりに、じゃがいもを食べることが多いの」

妹がそう説明するのを聞いて、息子はまたしても、目をまんまるにして驚いています。

「ごはんなのに、ごはんがない、ごはんなの？」

息子にとっては「ご飯（炊いた米）」がない「ごはん（食事）」というのは、とても衝撃的な出来事だったようでした。

**異文化に対する理解というのは、こういう何気ない経験がきっかけになったりするのかもしれません。**

旅行中に食べたものは、どれもこれも本当においしかったです。

そこで、息子にこんな質問をしてみました。

「ニュージーランドで食べたもので、一番おいしかったものは、なに？」

するとしばらく考えたあと、息子はこう答えたのです。

「ばなな！」

それを聞いて、私も妹もずっこけました。

たしかに、公園に出かけたときに、おやつとしてバナナを持って行きました。青空のもと、緑豊かな公園で、みんなで食べたバナナは、おいしかったかもしれません。

けれど、そのバナナはフィリピン産……。

いつも日本で買っているのと変わらないバナナだよ……。

幼いころに海外に行く経験をさせることで、英語に興味を持って、ゆくゆくはグローバル社会でも活躍する人材に……なんて母親の勝手な思惑はどこ吹く風。結局、息子にとっては、外国だろうとどこだろうと「公園へのお出かけ」や「おやつのバナナ」が好きなものであることに変わりはないのでしょう。

マイペースな息子に、ふっと肩の力も抜け、楽しい思い出になったのだからそれでいいや、と思ったのでした。

# ラムチョップ

材料
・ラムチョップ　6本　・カレー粉　適量
・にんにく　ひとかけら　・オリーブオイル　適量
・塩　適量

1 常温に戻したラムチョップに塩とカレー粉を振っておく。
にんにくをスライスする。

2 フライパンにオリーブオイルを熱して、にんにくを入れ、
香りをつける。にんにくを取り出して、
ラムチョップの側面の脂身を焼き、表面を焼き、ひっくり返す。

3 焼き目をつけたラムチョップをフライパンから取り出して、
アルミホイルにのせ、先ほどのにんにくをいっしょに包んで、余熱で5分ほど温める。

お手伝いポイント
にんにくの底を切ってから渡して、皮をむくお手伝いをよく任せていました。
つけあわせ用にマッシュポテトを作り、
茹でたじゃがいもをつぶす作業をしてもらうのもいいかと思います。

# あとがきにかえて

## ——すべては思い出に変わる

### 幼稚園、最後のお弁当

住んでいる場所のすぐ近くに幼稚園があり、息子がまだ赤ちゃんだったときから、ここに通わせたいなあ……と思っていました。

園庭で遊んでいる子たちは実にのびのびと楽しそうで、それを見守る先生たちのまなざしもやさしくてあたたかなのです。

幼稚園では入園前の年齢の子を対象とした園庭開放などもやっていたので、息子を連れて行ったところ、すっかり砂遊びに夢中になっていました。それ以来、幼稚園の前を通りかかるたびに、息子はなかなかに入りたがるのでした。

しかし、いろんなひとに話を聞いてみたところ、その公立の幼稚園は送り迎えのバスがなく、預かり保育もなく、給食もないのでお弁当を作る必要があり、親の手間がかかるらしいのです。最近では負担の少ない幼稚園や保育園が選ばれるので、親のニーズに応えられず、入園を希望するひとが減っているようです。

実際、私も仕事をしなければならないことを考えると、公立の幼稚園に預けられるような年齢まで息子を手もとに置いておくことはできず、結局、保育園に通わせることになったのでした。

保育園は自宅から離れた不便な場所しか空いておらず、息子の乗るベビーカーを押しながら、遠くまで通うことになりました。しかも、その保育園は年齢の低い子どもだけを預かる小規模な保育園で、いつかはべつの保育園か幼稚園に進まなければならないという条件つきだったのです。

息子は保育園に通うようになりましたが、その後も、近くの幼稚園でイベントや園庭開放などをやっていると、たまに遊びに行っていました。

そして、やっぱり、感じたのです。

この幼稚園、すごく居心地がいい、と。

そこで、息子にたずねてみたところ、本人も望んだので、保育園から幼稚園へと転園することを決めたのでした。

## はじめてのお弁当作り

公立の幼稚園に通わせることになり、私がなによりも懸念していたのは、毎日のお弁当作りでした。

保育園のときには、給食がありましたが……。

朝が弱い自分にとって、毎日ちゃんと早起きをして、きちんとお弁当を作るなんて、とても大変なことのように思えたのです。

お弁当作りについては、話し合いの結果、月・火が私の担当、木・金がダンナの担当ということになりました。水曜日は午前中保育なので、お弁当はないのです。

お弁当作りがはじまってみると、週の半分はダンナが担当してくれることもあり、当初おそれていたほど大変ではありませんでした。

可愛らしいキャラクターのお弁当を作ったりとか、栄養バランスを完璧に考えたりとか、手をかけようと思えばいくらでもできると思いますが、ハードルを低くするといいますか、とりあえず「お弁当箱が埋まっていればいい」と割り切ってしまえば、なんとかなるものです。

**お弁当の中身は、定番のおかずを決めて、ローテーションするような感じでした。おにぎり、ミニトマト、ブロッコリー、にんじんを茹でて型抜きしたものを用意すれば、あとはたんぱく質のおかずを入れるだけです。**

メインのおかずとしては、卵焼き、ミートボール、焼き鮭、ソーセージ、シュウマイ、鶏肉の炒め物などが多かったです。

幼稚園児のお弁当箱は小さくて、おかずを入れるスペースも狭いので、それほど頭を悩ませることはありませんでした。

年少さんのころは、息子は箸が器用に使えず、お弁当箱に詰めたご飯をうまく食べることができなかったので、幼稚園の先生に「一口サイズのおにぎりを入れてあげてください」と言われました。

それが、年長さんになると、ご飯をそのままお弁当箱に詰めることができるようになったので、手間が省けて、ずいぶんと楽になったことを覚えています。

そんなこんなで幼稚園生活はあっという間に過ぎていきました。

小学校に入れば、給食があります。

卒園式も間近になったころ、ああ、お弁当を作るのもあと少しなのか……と思って、感傷的な気分になりました。

しかし、だからといって、最後のお弁当のときにも特に凝ったものを作った記憶はなく、あわただしい毎日に流されるようにして、いつもと変わらないようなものを持たせたのでした。


息子は卒園式が不安だったらしく、何度も家で練習をしていました。

「おなまえをよばれたら、はい、って、おへんじするの」

息子の通っていた幼稚園では、名前を呼ばれたら、ひとりずつ返事をして、体育館の壇上にあがり、園長先生から卒業証書をもらうのです。

そして、卒業証書をもらったあとは、親のところに来て、ぎゅっと抱き合うことになっていました。

「それでね、おかあさんに、いうんだよ。いつも、おべんとう、つくってくれて、ありがとう、って」

息子はおしゃべりが好きで、私になんでも話すのです。

「それ、お母さんに言ってもいいの？　秘密じゃなかったっけ？」

私が苦笑していると、息子はあっとつぶやき、手を口に当てました。

「そうだ！　ほんばんの、おたのしみだったのに」

「だいじょうぶ。知らなかったふりしてあげるから」

「うん！」

それから、息子はうつむきました。

「そつえんしき、やだな」

しょんぼりとした声で、つぶやきます。

「ようちえん、ばいばい、したくない」

卒園はさみしいですが、それほどまでに幼稚園のことを大好きになれたのですから、ここに通わせて本当によかったな……と思ったのでした。

## 卒園式を終えて気づいたこと

そして、卒園式当日。

息子は名前を呼ばれると、大きな声で返事をして、卒業証書を受け取りました。

それから、私のもとに駆け寄ってきます。

「いつも、おべんとう、つくってくれて、ありがとう」

何度も練習していたセリフを実際に聞いたときには、なんだか感動するというより

も、ちゃんと返事をして、卒業証書を受け取り、私のところまで来るという一連の流れを遂行できて、ほっとする気持ちのほうが強かったのでした。

卒園式は、きっと、泣いてしまうだろうと覚悟していました。

しかし、息子が練習どおりに本番をこなせるかという心配に気を取られたり、無事に卒園式が終わったことに安堵したりで、結局、涙を流すタイミングがなかったのでした。

卒園式はつつがなく終わり、息子は小学生になりました。

いままでは毎日、給食を楽しみに小学校に通っています。

そんなある日。

小学校の行事で、遠足に行くということで、久しぶりにお弁当を作ることになりました。

幼稚園のときに使っていたお弁当箱を取り出して、おかずを準備して、詰めていきます。

ほんの数カ月前のことなのに、お弁当を作っていると「懐かしい」と感じました。

朝早くに起きて息子にお弁当を持たせていた幼稚園生活が、とても遠い出来事のように思えて……。

そのとき、痛切に実感したのです。

**すべては思い出に変わってしまうのだ、と……。**

**もう二度と、私は「幼稚園児の息子」にお弁当を作ってあげることはできない。**

**そう考えると、取り返しのつかないような気持ちに襲われました。**

そのときは精一杯やったつもり、ベストを尽くしたつもりです。

でも、もっと、手をかけてあげたらよかった……。

卵焼きだって、面倒だからとシンプルなものばかり作っていたけれど、具の入った卵焼きを息子はあんなに喜んでいたのに……。幼稚園のお弁当、もっと、もっと、心をこめて、大切に、作ればよかった……。

幼稚園児だった息子は、もう思い出のなかにしか存在しないのだ。

そのことに気づいて、後悔ばかりがどんどん湧きあがってくるのです。

息子に気づかれないよう、私はそっと涙をぬぐいました。

**どんなにやったところで、心残りがあるのが、子育てなのかもしれません。**

**帰らない日々に、切なさで胸が締めつけられます。**

それと同時に、いま、小学1年生の息子が、自分のそばに存在しているということが、とてもうれしくて、たまらなく愛おしくて、泣けて泣けて仕方がなかったのでした。

# しらすの卵焼き

材料
・卵　３個
・焼き海苔　１枚
・油　適量
・釜揚げしらす　50g
・白だし　大さじ１

1 海苔をフライパンの大きさに合わせて切り、ボウルに卵を割りほぐし、しらすを入れ、白だしを加え、よく混ぜる。
2 熱したフライパンに油をひき、卵液の１／２量を流し入れ、弱火で焼きながら、巻いていく。
3 残りの卵液を卵焼きの下にも流し入れるようにして、広げて、海苔を置き、ふたたび巻いていく。粗熱が取れたら、適当な大きさに切る。

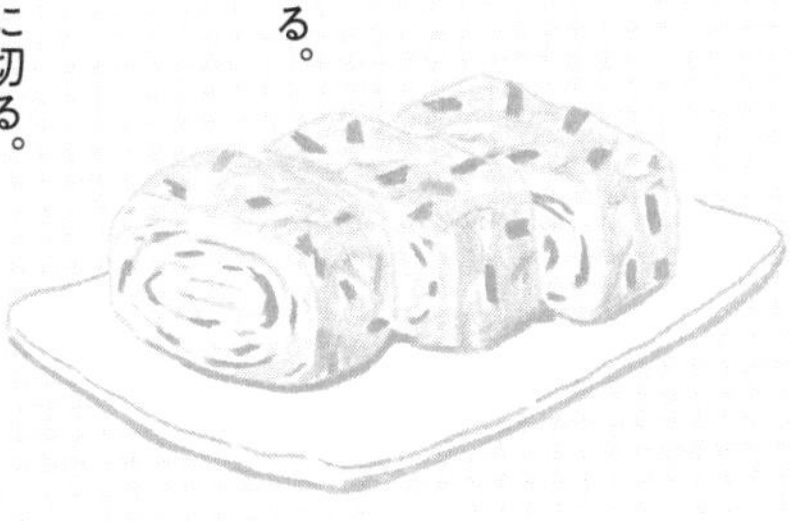

お手伝いポイント
息子は「ひとりで卵焼きを作れるようになる」ということを目標に、お手伝いをしていました。しかし、卵焼きは難しくて、途中で目玉焼きに変更になったのでした。小学校に入るころには「ひとりで目玉焼きを作れる」ようになりました。

藤野恵美 Megumi Fujino

1978年、大阪府堺市生まれ。2004年『ねこまた妖怪伝』で第2回ジュニア冒険小説大賞を受賞し、デビュー。「お嬢様探偵ありす」シリーズ（講談社青い鳥文庫）など人気シリーズを手掛ける。児童文学で活躍する一方、『初恋料理教室』（ポプラ社）、『ショコラティエ』（光文社）、『涙をなくした君に』（新潮社）など文芸書も執筆しており、ほのぼの子育てミステリ『ハルさん』（創元推理文庫）はドラマ化されるなど好評を博した。大阪芸術大学講師も務める。

初出：『PHPのびのび子育て』
2015年2月号〜2016年12月号
単行本化にあたり、加筆・修正しております。

# 子どもをキッチンに入れよう!

子どもの好奇心を高める
言葉のレシピ

2020年11月9日　第1刷発行

著者　藤野恵美
発行者　千葉 均
編集　小原さやか・三枝美保
発行所　株式会社ポプラ社
〒102-8519 東京都千代田区麹町4-2-6
TEL　03-5877-8109（営業）／03-5877-8112（編集）
一般書事業局ホームページ www.webasta.jp
組版・校閲　株式会社鷗来堂
印刷・製本　中央精版印刷株式会社



読者の皆様からのお便りをお待ちしております。
いただいたお便りは一般書事業局から著者にお渡しいたします。


N.D.C.914/239p/19cm　ISBN978-4-591-16848-6　P8008312